■ 安顺学院教育学学科建设资金资助出版
■ 贵州省高校人文社会科学研究项目资助，2023GZGXRW122，
　推动本土文化与旅游深度融合发展研究

特殊教育背景下儿童感觉统合训练技术探究

陈燕琴◎著

吉林出版集团股份有限公司
全国百佳图书出版单位

图书在版编目（CIP）数据

特殊教育背景下儿童感觉统合训练技术探究 / 陈燕
琴著. -- 长春 : 吉林出版集团股份有限公司, 2024.4
ISBN 978-7-5731-4750-9

Ⅰ.①特… Ⅱ.①陈… Ⅲ.①特殊教育 – 儿童教育 –
感觉统合失调 – 训练 – 研究 Ⅳ.①G76

中国国家版本馆CIP数据核字（2024）第066159号

TESHU JIAOYU BEIJING XIA ERTONG GANJUE TONGHE XUNLIAN JISHU TANJIU

特殊教育背景下儿童感觉统合训练技术探究

著　者	陈燕琴
责任编辑	于　欢　金　昊
装帧设计	清　风

出　　版	吉林出版集团股份有限公司
发　　行	吉林出版集团社科图书有限公司
地　　址	吉林省长春市南关区福祉大路5788号　邮编：130118
印　　刷	唐山富达印务有限公司
电　　话	0431-81629711（总编办）
抖 音 号	吉林出版集团社科图书有限公司 37009026326

开　　本	720 mm×1000 mm　1 / 16
印　　张	12.5
字　　数	205 千字
版　　次	2024 年 4 月第 1 版
印　　次	2024 年 4 月第 1 次印刷

书　　号	ISBN 978-7-5731-4750-9
定　　价	58.00 元

如有印装质量问题，请与市场营销中心联系调换。0431-81629729

前　　言

　　1972年，美国南加州大学儿童心理学专家艾尔丝博士提出了感觉统合的理论。她认为感觉统合是指大脑将身体各部分感觉器官输入的各种感觉信息进行组织加工、综合处理，然后作出适应性的反应，并特别强调了个体只有经过感觉统合及感觉统合能力的训练才能完成诸多高级而复杂的认知活动。国内外大量研究者研究发现，致使儿童感觉统合失调的可能性因素分为先天性因素和后天性因素，一旦儿童出现感觉统合失调，常常就会直接影响儿童正常的生活和学习。

　　目前，我国研究者和实践工作者进行了大量感觉统合相关的理论研究、技术推广等工作，感觉统合训练已成为我国对儿童行为问题、社交问题等不利于儿童健康成长问题进行干预的基本而又重要的手段之一。我国特殊教育学校、康复机构、儿童早教中心、融合教育学校、儿童教育机构等场所已建立了专门的感觉统合训练室，配备了常用且先进的用于训练儿童感觉统合能力的设施、设备，可以对各类有感觉统合失调的儿童进行日常的感觉统合能力训练工作或服务，并开设了各类感觉统合训练的相关课程、活动等。

　　在本科至研究生的学习阶段，笔者有幸对特殊教育专业理论知识及实践技能进行了学习，自2016年工作以来受学院领导和教研室主任的信任，有机会连续多年承担我院特殊教育专业、教育康复学专业的《特殊儿童感觉统合训练技术》课程的教学任务。在承担本门课程的教学中，经过与学生共同探讨及自我教学反思过程，笔者有效实现了教学相长的目标，尤其是在学院领导的信任和支持下，能有机会协助安顺市妇幼保健院从事特殊儿童感觉统合训练工作。笔者对本领域相关理论进行了学习和实践探索，并将其进行了归纳、总结和提炼，之后编写了本书。在本书的撰写过程中，笔者遵循杜威的"教学来源于生活、生活即教学"的观点，遵守理论与实践相结合的原则。为体现其理论性、实践性较强的综合性学科特点，笔者投入了大量的时间和精力归纳、总结和提炼感觉统合训练技术要领。本书提及了八类特殊儿童的感觉统合能力训练活动设计，希望本书陈述的相关内容对儿童的家长、教师及从事儿童感觉统合能力训练的工作人员有一定的参考应用价值。

本书的内容是建立在笔者多年来对我院特殊教育专业和教育康复学专业本科生进行教学及个人学习经历的实践积累之上，也参考了相关研究人员的著作、研究报告、公开发表的论文，在此向研究人员表示衷心的感谢！虽然笔者自工作以来连续承担我院两个专业的特殊儿童感觉统合训练技术的教学任务和实践工作，以及相关社会服务，但个人的成长和进步源于前辈们在该学科领域所做的铺垫，在此向本学科领域的前辈和同仁们表示衷心的感谢！本书的很多观点源于本人与我院2018级、2019级、2020级特殊教育专业和教育康复学专业学生之间的教学探讨过程，在此对各位同学表示衷心的感谢！同时还要特别感谢安顺市黔中医院为本书提供的部分训练图片，在此一并表示衷心的感谢！在撰写本书过程中还要特别感谢安顺市妇幼保健院儿童康复科覃基烜副科长、我院2020级教育康复学专业班级的陈念军同学、杨先银同学和刘丽同学，感谢覃基烜副科长给予我在特殊儿童感觉统合训练过程中的实践指导，感谢几位同学在我撰写特殊儿童训练活动方案的设计时给予我的启发和思考！本书的完成离不开我的爱人张能田在生活上给予的巨大帮助和充分保障，在此对我的爱人张能田表示衷心的感谢！最后，要特别感谢书中图片所涉及的相关训练人员、儿童及其家长！本书还存在许多不足之处，敬请读者、专家与同仁们批评指正！

安顺学院　陈燕琴
2023年2月21日

目录
CONTENTS

第一章 概 述

儿童感觉统合失调是我国社会各界人士都不可忽视的问题之一。存在感觉统合失调的儿童有权利享受及时的感觉统合能力康复训练。儿童的教师应当对儿童依法履行教育与康复的职责，让儿童享受真正的教育公平；儿童的家长应当积极参与并配合教师开展好儿童的教育与康复工作，从根本上保障儿童的成长与发展。然而，自儿童出生并随着儿童的成长，儿童的家长和教师最关心的仍是儿童的学习成绩。有些儿童很聪明且身体发育正常，但在日常的生活和学习中常常表现出各种类型的不同程度的障碍或问题，例如：听课中常有不认真、注意力不集中的表现，还经常扰乱周围其他同学的学习；课间不合群，课后写作业拖拉，写作业总是粗心大意，易受外界因素的影响；情绪不稳定，冲动任性，脾气暴躁等。面对这类儿童，家长和教师对其采取的教学常常以失败而告终。这类儿童就是学习障碍儿童吗？他们就是多动症儿童吗？家长和教师应如何帮助他们呢？

第一节 感觉统合的内涵

一、什么是感觉统合

感觉统合（Sensory Integration），简称为感统，它是指机体在环境中有效利用身体的七大感觉系统，即视觉、听觉、嗅觉、味觉、触觉、前庭觉、本体觉，接收时间上和空间上的信息，并将之传入大脑后，大脑做出一系列的处理，这些处理包括过滤、整合、抑制、统一、比较，然后再做出适应性反应的能力的过程。在此需进一步对感觉统合概念描述中的几个术语加以解释和说明：（1）机体，指的是有生命的物体，这里统一指人。（2）前庭觉，又叫深知觉，指的是个体受地心引力的作用以及个体躯体的移动，特别是头部运动刺激形成的感觉，前庭觉接收到信息的器官位于内耳，主要负责接收重力以及速度变化的刺激，从而做出调控身体的平衡等一些工作。（3）本体觉，指的是身体在不同状态时，通过关节、肌肉等部位所反馈的感觉。例如：我们闭上眼睛也能感受到我们是处于何种姿势。（4）时间上的信息，它表示的意思就如同我们说的一句话：中午的太阳好晒。此句话中的"晒"指的是一种触觉刺激；而这句话中所说的"中午"指的是触觉获得的时间。（5）空间上的信息，它包括位置、距离等信息。就如同我们说的：我站得很高，我有点害怕。此句话中的"站得很高"表示的就是一个空间位置，而"害怕"表示的是前庭刺激所留下的感觉。（6）"大脑做出一系列的处理"，这一系列的处理包括解释、比较、增强、抑制、联系、统一等。例如：当我们通过视觉看到一个柠檬时我们会联想到酸，而当我们看到一个苹果时我们会联想到甜。此时，我们的大脑在这个过程中就起到一个联系的功能，即由柠檬联系到酸，由苹果联系到甜。（7）"做出适应性反应的能力"，表示的是感觉统合的作用是要保证最后做出的行为是正确的行为、适应环境的行为。反之，若所做出的行为是不正确的行为、不适应环境的行为，这有可能是由于感觉统合失调而导致的。人体应具备的思维能力、组织能力、表达能力、创造能力、计划能力、示范能力、社交能力、协调能力等这些基本能力的培养离不开个体感觉体系的支持。感觉统合是感觉体系在人体中发挥应有作用的重要体现。美国南加州大学儿童心理学专家艾尔丝博士于1972年首次系统地提出"感觉统合"理论，并对此进行了界定。他认为，感觉统合是人类与生俱来的一种本能，是个体通过对视觉、听觉、嗅觉、味觉、触觉、前庭平衡觉、本体觉等身体不同的感觉系统接收身体周围环境刺激信息，通过体内中枢神经系统进行分析、组织与处理后，联结运动系统做出反应的过程。个体通过分布在身体的不同的感觉系统对外界不同的刺激信息进行分析、整合并做出反应的互动性重复性过程有助于激发人体的机能。也正是这种人体的感觉学习和运动学习的不断重复性互动进而形成了个体的感觉统合。

目前，关于感觉统合的界定，我国还有学者进行如下陈述：

李淑英、王喜军、刘迪在《特殊儿童感觉统合训练理论与实践》中指出：感觉统合是一种来自个体本身自动发生的神经过程，它是个体神经系统将来自于身体和周围环境中的感觉信息进行适当的组织、诠释后作出适当的反应，使个体与环境之间产生有效互动的过程。

李娟在《儿童感觉统合训练》中认为：感觉统合指的是个体在自身环境内有效利用自身的身体器官，通过自身的视觉、听觉、嗅觉、味觉、触觉、前庭觉和本体觉等感觉系统从个体环境中获取信息后，由个体大脑对其进行综合分析与处理，最终做出适应性反应的能力。

杨霞在《儿童感觉统合训练实用手册》中认为：感觉统合是个体大脑对环境中存在的各种刺激，借助于自身的视觉系统、听觉系统、嗅觉系统、味觉系统、触觉系统等方面的感觉系统对环境中的信息进行搜集、整合、分析与处理后，大脑及时有效地对环境中的信息作出适应性反应的过程。

王和平在《特殊儿童感觉统合训练》中认为：感觉统合是个体进行日常生活、学习和工作的基础，它不只是感觉器官"感受刺激"的过程，而且是大脑对感觉信息的整合加工过程。它指的是一种由个体的大脑对来自视觉、听觉、触觉、前庭觉、本体觉等不同的感觉通路输入的外界感觉信息进行选择、解释、联系和统一的神经心理过程。

二、感觉统合的神经工作机制

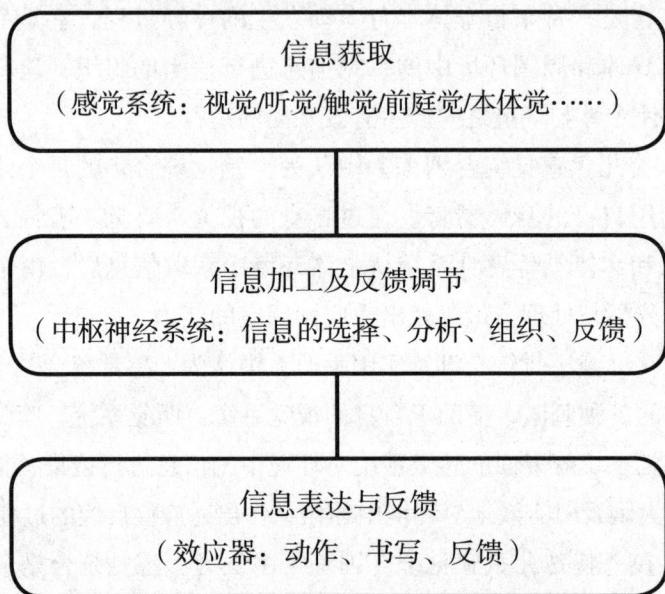

```
┌─────────────────────────────────────────┐
│              信息获取                      │
│  （感觉系统：视觉/听觉/触觉/前庭觉/本体觉……）   │
└─────────────────────────────────────────┘
                    │
┌─────────────────────────────────────────┐
│           信息加工及反馈调节                 │
│  （中枢神经系统：信息的选择、分析、组织、反馈）    │
└─────────────────────────────────────────┘
                    │
┌─────────────────────────────────────────┐
│            信息表达与反馈                   │
│     （效应器：动作、书写、反馈）              │
└─────────────────────────────────────────┘
```

图1-1　感觉统合信息处理流程图

图1-1表明的含义有以下几个方面：（1）个体大脑主动反应来自外界环境的信息，通过视觉、听觉、触觉、前庭觉、本体觉等感觉系统主动反应周围环境传入的信息并对其进行加工。在同一时间内多种感觉刺激信息通过相应的感觉器官传入中枢，中枢神经系统统一加工处理、分析整合，再协调相应的器官或组织做出适当反应。（2）大脑对信息处理的初级中枢是人的脑干和内耳的前庭平衡系统，下一个通路是将处理后的信息输入到大脑皮质，提取以往的经验进行比较、筛选、加工和决策，之后形成对事物新的认知和反应过程，在这种新的认知和反应下完成相应的肢体动作。（3）大脑对接收到的信息通过中枢神经系统的支配发出相应的行为动作，并将之反馈到日常的生活、学习和工作的实际表现行为之中。感觉输入是身体对环境所做的任何反应的前提，而反应的形式、程度及准确度等则与大脑统合的作用相关联。

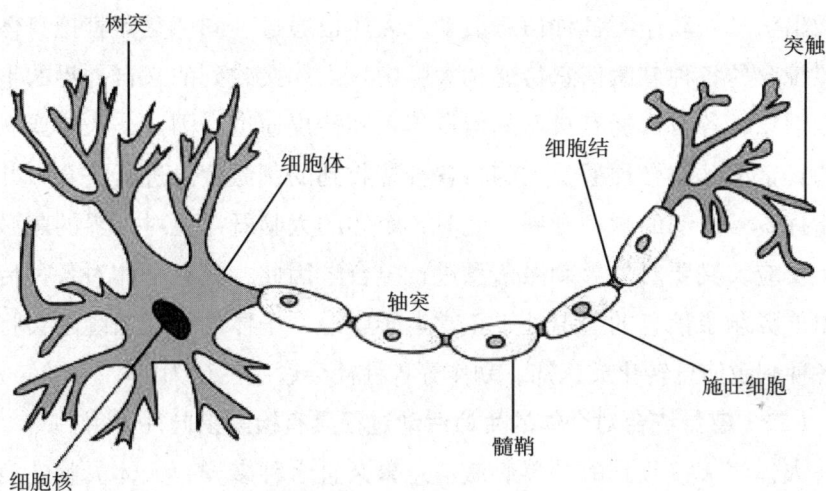

图1-2 神经元的结构

人的神经系统是人体与外界发生互动的物质基础。神经组织的基本单位是神经细胞，又称为神经元。其中，神经元在信息传递中发挥主要作用。图1-2表明的是神经元的结构，神经元由树突、轴突和细胞体三部分组成。神经元相互连接组成一个循环回路，通过该循环回路的进一步连接而形成皮层下的神经核或神经通路。神经核或神经通路构成大大小小、层次不同的信息处理系统。人体大脑皮层中不同神经细胞承担着各自的职责，发挥着各自的作用，但又共同负责精确快速地传递人体大脑中的感觉信号，并在大脑功能区的综合分析、统合处理后再形成一个指令控制运动动作的发生。最终感觉统合的功能把人体大脑的各种感觉综合形成整体，最终指挥着个体的动作行为的发生。

三、感觉统合的作用

（一）感觉统合对个体的生命活动过程具有组织作用

每天从早到晚，人体的七大感觉系统接收到的外界信息不可能是单一的，需要通过自己身体的各个器官接收到外界不同类型的信息刺激，这些信息同时被大脑接收，大脑需要将更多的信息组织好，以保持各自信息通路畅通、整体协调得当，人体的神经系统也会整合众多的感觉刺激信息从而做出认知、动作等各种信息活动。人体也通过不同感觉器官把身体内外世界统合的各种刺激信息传递到大脑中。人体接收到的来自外界的不同的刺激信息，各自都拥有自己的信息传入和传出通道。因此，人体要获得正常的日常活动就必须通过大脑将各种接收到的刺激信息进行整合，并调节和指挥日常活动的顺利开展。此时，个体的大脑既需要对外界的刺激信息做出反应，又要对外界刺激信息进行整合。因此，只有个体对各种传入和传出外界刺激信息的通道处于正常运转状态，个体的神经系统才会将外界的各种刺激信息转化成认知、动作等各种社会适应性行为。

（二）感觉统合对个体的生命活动过程具有检索指向性作用

人体每天接收到的外界刺激信息繁杂且多种多样，人体大脑的意识既不可能对接收到的信息都做出反应，也无法做到时刻对接收到的外界刺激信息做出反应，因此，感觉统合就是要把各种信息中最有用的、最重要的部分从中检索出来，供大脑使用，然后大脑对统合过的主要信息进行的反应才会更加准确和及时。人体更多的也是利用感觉统合把多样化的刺激信息中最有用、最重要的刺激信息迅速筛选出来，指挥大脑使用有具体指向的刺激信息并做出与之相对应的反应。

（三）感觉统合对个体的生命活动过程具有综合服务性作用

感觉是人体大脑对直接作用于感觉器官的客观事物个别属性的认识。它是分散的、局部的，但外部世界常常以整体的形式呈现给我们，即人体接收到的外界刺激信息是以综合性、整体性形式存在的。感觉统合的作用过程就是要把各种感觉进行分析、综合形成整体。如同我们认识梨，首先我们要利用我们的眼睛、鼻子、嘴巴、皮肤、手指以及关节等各种感官共同形成对梨的感知。在这个过程中我们的大脑形成对一个梨的整体认识，就是因为我们对梨的各种感觉刺激进行了整合、综合，所以在我们的大脑里面形成了一个完整的梨的认识。又如同个体写字过程，个体要进行写字的行为过程，是从认识写字的工具、材料、内容开始到使用写字工具时需要涉及的器官以及写字时手部肌肉、关节等的调动，这一调动过程从头至尾都是由个体大脑所支配而最终得以完成写字的整个行为过程。

（四）感觉统合对个体的生命活动过程具有自我激励的作用

对于能进行正常感觉统合的个体来说，每天在接收外界刺激信息的同时，个体自身也正在接收着视、听、嗅、触、关节、肌肉、前庭等多种刺激，并最终让大脑在"跟着感觉走"的过程中，充分完善大脑与个体躯体感觉器官之间、个体心理之间、个体运动器官之间的结合，进而促进个体感知觉系统的发育，在改善儿童注意力集中程度、运动协调能力和提高学习成绩等方面都会具有明显效果。从感觉统合的定义中我们可知，如果一个人的感觉统合能力很强，他就能很快地适应内外环境，他就会获得成功、满足等有利于身心健康的感觉，从而有助于增强个体克服困难的自信心和自我控制能力，最终顺利地融入社会生活当中。

第二节　感觉统合能力训练与儿童能力发展的关系

感觉统合能力训练就是系统地、专门性地让机体（儿童）的大脑对于外界环境刺激信息做出分析、整合与适应性反应能力的训练。大量调查研究表明：任何一个儿童的感觉统合能力难以达到百分之百。换句话说，几乎所有儿童都存在不同程度的感觉统合失调，只不过失调的轻重程度有差异。而这种轻重差异会随着儿童逐渐长大而变大，甚至会很明显地表现在儿童的发展过程中。例如，感觉统合能力发展较慢的儿童，在其日常生活中往往会表现出胆小内向、易紧张焦虑、做事拖拉、注意力不集中、语言表达不清晰、易怒易暴躁等特点。

作为感觉统合发展较慢儿童的家长及老师应该明白，感觉统合是儿童天生就拥有的一种本能，它贯穿于人整个生命过程，其能力的获得需要按照儿童的成长规律而经历各个发展阶段，在儿童的日常生活、学习和工作中发挥着决定性作用。儿童的家长及教师只有充分了解儿童感觉统合能力的发展阶段以及儿童感觉统合能力的发展对特殊儿童能力发展的影响，才能有针对性地给儿童营造一个良好的成长环境。

一、儿童感觉统合能力的发展阶段

（一）初级感觉统合能力发展阶段

初级阶段的儿童是指年龄为0至3岁的儿童。初级阶段是儿童大脑发育最快的时期，在此时对儿童进行教育对儿童的发展至关重要。此时也是儿童完成自身结构的完整建构、生理机能的完善以及多个领域基本能力的初步发展阶段，此年龄阶段的儿童初步具备与外界进行互动的基本能力，如动作、感觉、认知、语言及社交等。同时，也是这几个方面能力发展的关键期。例如：婴儿时期能对自己常玩的玩具及经常接触的物品形成知觉，能够识别陪伴在自己身边的父母的声音；四至六个月时吞咽咀嚼的能力得以发展，也是形成该能力的关键期；六个月时能够翻身；七个月时能够独坐；八个月时能够爬，并且也是儿童学会分辨大小、多少的发展关键期；一岁时是儿童独立站和走能力形成的关键期；一岁半时儿童能够用一些简单的常用的词汇，也是形成语言的关键期；两岁半时，需对儿童树立简单常用的社会规则，也是对其规矩意识培养的关键期；三岁时是儿童性格初步形成的关键时期。因此，当儿童三岁时家长要有意识地关注儿童的性格特征，发现儿童在成长发展中出现了不良行为问题时家长要及时给予引导，促进儿童养成良好的生活、社交等行为习惯，为儿童将来融入社会生活助力。

（二）中级感觉统合能力发展阶段

中级阶段的儿童是指年龄为3至7岁的儿童。此阶段是儿童各种基本能力得以发展的关键时期，也是其感觉统合能力得以发展的关键时期。该阶段儿童的身体在发育，内外器官的生理机能在进一步发展，各种专用信息传递通道间的联系与交流也变得更加丰富，大脑中枢神经系统具备了对不同类型信息整合的能力。由此，该阶段儿童的视觉、听觉、嗅觉、触觉、前庭觉、本体觉等各个感觉系统既可以相互协作又可以各自承担各自系统内的感觉任务。例如：通过专门的训练，儿童可以说出很多生活中的词汇，对生活中的事件会有自己的记忆，并能用简单的语言对话来描述已发生事件的主要内容，面对发生在自己身上的事件在需要做出选择时能够通过于自己的意志来控制自己的行为，进行有目的的活动。

（三）高级感觉统合能力发展阶段

高级阶段的儿童是指年龄为7岁至青春期的儿童。此阶段的儿童大脑高级功能得到进一步发展，成为影响感觉统合能力发展的主要因素，表现为注意力、学习能力、记忆力、语言能力、自我监控能力等多种高级心理功能的增强。儿童的运动系统、感觉系统、中枢神经系统的功能基本成熟并且逐渐接近于成人水平，并形成逻辑思维能力，大脑对外界刺激信息的整合能力也得以更好地发展，可以进行复杂的与动作、言语、认知等相关的社会活动。由此，该年龄阶段儿童的感觉能力、注意力、记忆力、自我控制能力、语言表达能力、思维能力、大动作及精细动作能力等各方面的能力都得到明显的提高，并且在某一方面，例如音乐、美术、舞蹈等方面，会表现出自身独特的能力。

二、感觉统合能力训练对儿童能力发展的影响

（一）感觉统合能力训练能够有利于增强儿童的体质

感觉统合能力训练可使儿童身体的各种器官得到活动，在训练过程中教师会根据儿童的身体状况以及儿童的需求，有针对性地设计训练计划并进行相关的活动。在训练活动中不仅能够促进儿童骨骼肌肉的成熟，锻炼儿童的运动技能，还能够提升儿童的身体素质，有效提高儿童的动作技能，促进身体器官系统的生长发育，增强儿童体质。

（二）感觉统合能力训练能够有利于促进儿童身心健康发展

感觉统合能力训练有助于让儿童愉悦，让其获得欢乐、满足和安全的情绪体验，进而让儿童表现出自信、积极的态度。但适量的不愉快刺激也可以锻炼儿童一定的挫折耐受力。对儿童进行有针对性的视觉、听觉、触觉、前庭觉、本体觉等感官刺激训练，有助于儿童获得愉悦的心情，同时也能增强其抗压能力，锻炼培养其克服困难的能力。

（三）感觉统合能力训练能够发展特殊儿童的智力

所有儿童智力的发展一定离不开自身肢体的活动，其大脑思维的灵

活性与肢体的灵活性紧密联系，感觉统合能力训练是促使儿童的身体和心灵共同参加且相互协同发展的学习和活动过程，儿童参与该活动过程有利于刺激其大脑，使其更具有活力。对于儿童来说，他们都比较倾向于愉悦的情绪体验活动，都喜欢在玩中学习和成长，这种活动被称为游戏。游戏能够激发和调动儿童大脑神经高度活跃，而儿童智力的发展离不开大脑神经系统的激发。通过游戏的形式对儿童开展感觉统合能力的训练，为儿童传输简单的、基础的知识和语言刺激信息，可以帮助儿童获得认知客观事物的好奇心，扩大儿童的知识面，进而提高儿童的概括、注意、观察、记忆、想象、思维、社交等方面的能力。

（四）感觉统合能力训练能够促使儿童集中注意力

儿童感觉统合能力的失调会引起儿童注意力不集中。例如：前庭觉能力失调的儿童，会出现自身与外界环境刺激之间的不平衡性，常常会表现为多动，坐立不安，肌张力不足，注意力分散；触觉能力失调的儿童易于受各种刺激信息的影响或者表现为过于迟钝或者过于敏感，难以把注意力集中于最为重要的事务之中；听觉能力失调的儿童对于外界刺激信息也往往会表现为注意力比较分散。因此，对儿童进行有针对性的感觉统合能力训练有助于促使其集中注意力。

（五）感觉统合能力训练可以培养儿童克服困难、超越自我的意志品质

在对儿童进行感觉统合能力训练中，儿童需要克服很多在训练活动过程中产生的特有的身体困难，体验到很多新的身体感受。对于性格内向、胆小、易于紧张和焦虑的儿童来说，他们参与系统化循序渐进的感觉统合能力训练，能够锻炼其克服困难的勇气，提升其自信心，缓解其紧张、焦虑的程度和状态，培养和陶冶儿童勇敢、坚强的意志品质。

（六）感觉统合能力训练可以提高儿童语言能力进而提升其思维能力

儿童在进行感觉统合能力训练时，身体会与外界客观物体和刺激信息进行交流，获得语言环境的感知觉，完成与外界物体、信息的接触，促使儿童的大脑进行自我认知感应过程，促进其第一语言信号系统和第二语言信号系统不断得以发展和锻炼，让大脑接受周围环境信号的辨识能力更为具体和系统，各种层次的信息在大脑中发生不同的反应，进而协调大脑皮层的运动区、视觉区以及听觉区之间的关系，让儿童获得语言的认知、理解、记忆和表达的能力。语言是思维的载体，因此，儿童在获得语言能力后自身的思维能力自然得以提升和发展。

（七）感觉统合能力训练可以培养儿童团结协作的能力

儿童在系统化有效的感觉统合能力训练中会进行一系列的团队合作和竞赛活动，需要儿童遵循训练的规则和要求，控制好自己的情绪，才能圆满完成整个训练。整个训练过程不仅有助于培养儿童的规则意识和自控能力，还有助于培养儿童集体意识和团队合作能力。

（八）感觉统合能力训练有助于儿童建立自信，融入社会生活

感觉统合能力失调的儿童会因各种能力的不足和障碍，经常遭遇挫折，丧失自信心，若对其进行有针对性的系统化感觉统合能力训练，可以提升其感觉统合能力，促使儿童顺利完成有目的的任务，帮助其控制好负面情绪，提升自我控制能力和人际交往能力，进而帮助儿童融入社会生活之中。

第二章 儿童感觉统合失调的评估

在对儿童进行感觉统合能力训练前，我们需要有针对性地为儿童制订系统的训练计划，需要了解儿童的感觉统合能力发展水平，需要掌握儿童感觉统合失调的表现特征，需要对儿童感觉统合失调的情况进行综合性的了解和掌握。这些都是对儿童进行感觉统合训练前需要考虑好的因素以及做好的准备性、基础性工作。

第一节 儿童感觉统合失调

一、什么是儿童感觉统合失调

感觉统合失调（Sensory Integration Dysfunction），简称为SID。它是指个体的某一感觉系统的失调，或者是感觉系统之间的整合不协调、感觉系统与运动系统之间的整合不协调而导致的信息处理异常，从而出现对刺激过于敏感、过于迟钝或者顾此失彼的现象。从前面第一章关于对感觉统合的定义中，我们也可以了解到感觉统合失调的相关信息，即感觉统合的定义中包含了三个信息：个体通过七大感觉系统接收外界信息；通过七大感觉系统接收到信息后在大脑中进行一系列的处理；大脑整合好信息之后会控制身体做出信息的反应。进而表明特殊儿童要具备感觉统合至少要满足以上三个方面，若以上三者之中缺少其中一个或多个方面，表明其存在感觉统合失调。据统计，目前我国有85%的儿童存在感觉统合失调，有25%的儿童存在严重的感觉统合失调，相比较而言，城市的儿童存在感觉统合失调的概率要远大于农村的儿童。

二、儿童感觉统合失调的类型

大量的调查研究显示：任何一个儿童要百分之百达到感觉统合都是非常困难的。换句话说，几乎所有儿童都存在不同程度的感觉统合失调，只不过失调的轻重程度有差异。按感觉统合失调的程度划分，儿童感觉统合失调可分为轻度、中度、重度三种类型。

存在轻度感觉统合失调的儿童，年龄越小其感觉统合失调的表现越不明显，也越不容易被家长发现，但随着儿童年龄的增长，其感觉统合失调的程度会越来越明显，而且也会随着儿童年龄的增长而加重。

存在中度感觉统合失调的儿童，在动作、语言、情绪、行为、认知等方面的表现症状很明显，很容易被家长发现，若不及时对其进行训练，会给其生活、学习、工作造成严重的负面影响，甚至会影响儿童的一生。

存在重度感觉统合失调的儿童，从小到大在动作、语言、情绪、行为、认知等方面的表现症状都非常明显而且非常集中，其表现症状随着儿童年龄的增长越来越明显。因此，儿童无论存在轻度、中度还是重度感觉统合失调，都需要家长的高度重视，并积极配合专业训练教师及时进行训练。

按感觉统合失调的主要特征划分，儿童感觉统合失调可分为前庭平衡功能失调、视觉统合失调、听觉统合失调、本体统合失调、触觉统合失调。

存在前庭问题的儿童会出现前庭平衡功能失调，前庭平衡功能失调多半是由于外部感觉刺激信息不能在中枢神经系统进行有效组合，从而使整个机体不能协调运作，这类儿童通常难以分辨方向感；难以分辨出相似的图形或物品；协调能力差；空间定向困难。在学校里则表现为好动不安，注意力无法集中，存在学习困难和语言障碍等现象。

存在视觉统合失调的儿童常会表现为视觉能力低，图形记忆困难、认字困难、阅读困难、书写困难，因此这类儿童在学习时常会出现阅读困难（漏字串行、翻错页码），计算粗心（看错或抄错题目、忘记进退位），写字时常常过重或过轻、字号大小不一、出圈出格，常把数或字写颠倒（例如把9写成6，把79写成97）等视觉上的错误，从而造成学习障碍。

存在听觉统合失调的儿童常会表现为听觉能力低、听力理解困难、听觉记忆困难、听觉表达困难。常伴有重听或语音分辨不清、语言发育发展缓慢、上课注意力不集中、多动、对他人说的话没有反应、记忆力差、丢三落四等情况，进而对学习和生活产生不良的影响。

机体本体感的发展常常以前庭平衡觉和触觉的发展作为基础。因此，本体统合失调的儿童在体育活动中会动作不协调（不会跳绳、拍球等）、动作记忆差，在音乐活动中发音不准（走调、五音不全等），特别怕黑，经常迷路或迷失方向，生活自理能力差等。

触觉统合失调包括触觉过于敏感、触觉过于迟钝、触觉过于依赖。触觉过于敏感指的是触觉接收器过于敏感，常表现为不喜欢被人拥抱、触碰、挑食等；触觉过于迟钝指的是触觉接收器过于迟钝，常表现为对外界刺激信息的感觉后知后觉，即便是受伤了也未能及时做出反应等；触觉过于依赖指的是对某个人或某件物体产生特别的依赖。

三、儿童感觉统合失调常见的特征表现

艾尔丝博士指出，感觉统合失调会严重影响儿童的健康成长，主要体现在严重影响儿童心理素质的提高、对儿童智力开发和综合能力的培养不利、学习能力和性格上出现障碍、人际关系敏感或社交退缩、心理素质差等方面。儿童出现感觉统合失调总体可能会有如下常见的一种或多种特征表现：

（1）好动不安，注意力不集中。

（2）高度缺乏危险意识。

（3）虽然聪明，却不敢表现，易受挫。

（4）挑食、偏食、餐饮习惯不佳。

（5）重心不稳，容易跌倒或撞墙，原地打圈眩晕。

（6）方向感差，不分左右，胆小，怕黑。

（7）吮手指，咬指或无法戒除奶嘴。

（8）站无站姿，坐无坐姿，易驼背，近视。

（9）写字无法在框内，经常颠倒笔画或数字顺序。

（10）讨厌被触摸，总是情绪化。

（11）发音不良，语言发展迟缓，语言组织能力不佳。

（12）爱旋转游戏而不会感觉晕眩。

（13）黏人、爱哭、任性、脾气暴躁或性情孤僻不合群。

（14）生活自理能力差，做事磨蹭。

通常认为，儿童感觉统合失调主要集中于五个方面，即前庭功能失调、视觉统合失调、听觉统合失调、本体统合失调、触觉统合失调。其中，前庭功能失调、本体统合失调、触觉统合失调是儿童感统失调中最为核心的表现特征。

（1）儿童前庭功能失调表现为：好动，注意力不集中，上课不专心，爱做小动作，很难与其他同学相处。有些儿童还会出现语言能力发展迟缓，语言表达困难等。

（2）儿童视觉统合失调表现为：尽管能长时间地看动画片、玩电动玩具，但无法流利地阅读，写字时偏旁部首颠倒，甚至不认识字，学了就忘，不会做计算，抄错题等。

（3）儿童听觉统合失调表现为：对别人的话充耳不闻，丢三落四，经常忘记老师说的话和留的作业等。

（4）儿童本体统合失调表现为：缺乏自信心，消极退缩，平衡能力差，容易摔倒，不能像其他儿童那样会翻滚、系鞋带、骑车、跳绳、拍球等。

（5）儿童触觉统合失调表现为：紧张、孤僻、不合群、爱惹人、偏食或暴饮暴食、脾气暴躁、害怕陌生环境、吃手、咬指甲、爱哭等。

四、儿童感觉统合失调的可能性原因

通常，儿童感觉统合失调的原因一般包括先天原因和后天原因两个部分。

先天原因一般包括早产、剖宫产、早产缺氧、脐带绕颈、大脑中枢神经系统不健全等。其中，孕期出现的种种问题，例如孕妇缺少运动、孕妇的心情不佳、孕妇的不良生活习惯（抽烟、酗酒、熬夜等）、胎位不正、营养不足等，都可能会导致胎儿的机能发育迟缓，触觉、前庭觉和本体觉等发育不足，出现轻度大脑功能失常等；早产一般指胎儿在母亲怀孕28周至37周之间出生；剖宫产之所以可能会导致儿童存在感觉统合失调或者使儿童感觉统合失调的概率比较大，是由于儿童在生产过程中缺乏受产道的挤压，在出生时缺乏触觉学习、前庭觉学习和本体觉学习，进而后期常会使儿童在触觉、前庭觉和本体觉方面产生不良的影响。因此，孕期孕妇一定要格外注意和小心。

后天原因一般包括儿童缺乏应有的游戏环境、儿童的生活环境过于封闭、儿童家庭教育方式上的偏差。例如家长对儿童的过度保护、过度照顾，担心儿童弄脏衣服，担心儿童受伤等而不让儿童爬行，不让儿童玩耍，不让儿童参与集体的游戏活动，经常让儿童坐小推车而很少对其进行搂抱、背、抚摩、轻拍儿童等必要的行为活动，进而让儿童因早期缺少与家长或外界物体等之间的触觉刺激而错过触觉学习的关键期，影响了儿童前庭平衡功能的发展；城市儿童生活都市化，现代家庭小型化以及家长对儿童的过度管束，致使其儿童的活动空间受限，缺少同伴群体，缺少户外活动和各种运动，缺乏人际交往等问题，从而导致儿童的生活环境过于封闭，最终使儿童减少了在成长过程中获得应有的各种感觉刺激的机会；在日常的生活中，由于家长对儿童过于耐心、过于细心，只要发现儿童出现行为问题就不停地在儿童耳边说教而忽略心理发展对于儿童行为发展的重要性等。

第二节　儿童感觉统合失调的教育评估

对于儿童感觉统合能力失调，在对他们进行教育康复训练之前一般可以先观察儿童的行为，观察儿童的日常生活，运用教具，观察儿童感觉统合的综合性表现，访谈该儿童的父母、同伴等，最后有针对性地对儿童进行教育康复训练。

一、观察儿童的行为

儿童的行为一般需要从儿童日常的活动中去观察。例如从日常用餐、游玩以及学习情境中去观察儿童有关感觉统合的行为。将观察记录表的填写工作交给其未经训练过的父母，对他们进行简单的讲解后让他们凭直觉去填写观察记录表，再把观察记录表交由专业的儿童感觉统合教育教学训练的专家分析，再对儿童进行重新观察，以对儿童的问题有初步概略性的掌握。具体来说，行为观察可分为：

（一）观察儿童对感觉刺激的反应

观察儿童对视觉、听觉、触觉、前庭觉等感觉刺激的反应。

例如观察视力的水平，对形状、位置、方向的辨别能力，手眼协调能力以及空间知觉能力等；观察对声音大小、方向、距离的判断，对语言的了解以及用正确语言表达和沟通等；观察对触觉刺激反应，是否害怕与别人接触、是否害怕陌生环境，用手摸看不到的东西时能否正确判断其形状等；观察对前庭觉的刺激反应，在剧烈旋转或摇晃的玩具上是否头晕或害怕，直线运动、回转运动、身体倾斜时是否有异常反应等。

（二）观察肌肉反射状态

观察儿童在不同姿势下肌肉的紧张程度，不随意运动（身体灵活性、协调性、运动动作行为等）以及非对称性紧张性颈反射等。例如肌肉的紧缩和颈部张力；身体肌肉同时收缩情形；非对称性紧张的头部反射能力；不随意运动的掌握度。

（三）观察运动行为的状态

观察儿童在直立站姿下的反应；保护性伸展反应能力；抗衡地心引力的姿势保持力；重力的稳定度；惯用手的成熟度；身体双侧协调能力；身体中线交叉运动能力；身体形象等方面。

二、观察儿童的日常生活

观察儿童的日常生活，主要指的是在自然环境中，每天对儿童的日常生活表现进行观察和记录，并对其日常生活中经常的表现进行总结。感觉统合能力不良的儿童，在日常生活中常出现这几种表现情况：穿脱衣服上的困难，即便是在自然状态下父母每次帮助儿童穿脱衣服，儿童也会表现出不良的情绪反应，如哭闹等；每次吃饭时常出现掉饭粒、夹菜困难、挑食等问题现象；参与游戏活动时不遵守游戏规则、无竞赛团队协作的意识、在游戏中常表现出躁动等行为异常现象；阅读时常会出现跳行、串行、漏字等问题；书写时速度很慢，写的字很大或很小，漏字、跳字、倒笔顺、字迹出格或东倒西歪。

三、观察儿童感觉统合能力表现

（一）触觉功能失调

1. 触觉防御

（1）婴儿期护理困难，易哭易闹，不喜欢被他人抱。

（2）在人多的地方特别紧张。

（3）对水特别敏感。

（4）穿着讲究，避免接触一些衣服，不肯穿袜、拒绝穿衣。

（5）不讲究卫生。

（6）害怕一些正常现象，如手上沾上胶水等。

（7）严重偏食、挑食。

（8）脾气暴躁。

2. 触觉迟钝

（1）不易觉察被人触摸。

（2）对痛觉不敏感。

（3）拿东西时常掉在地上。

（4）过分依赖自己专用的小物品。

（5）过分喜欢摸别人或物品。

（6）喜欢噘嘴巴、咬指甲等。

（7）不能察觉天气变化。

（8）经常口含食物不吞。

（二）前庭觉失调

（1）特别害怕摔倒、双脚离地，想办法用脚踩到地面或支撑物。

（2）畏高，不喜欢玩举高高游戏。在高处显得特别恐慌。

（3）不愿尝试移动性活动。

（4）不喜欢低头、倒立、翻跟头、打滚等活动。

（5）抗拒坐电梯，上下车、移动座位、上下坡动作非常缓慢。

（6）坐在车内害怕加速、拐弯，极易受惊吓。

（7）经常要求熟悉的人扶着自己走。

（8）过度的恐惧和不安全。

（三）本体觉失调

（1）姿势控制不稳，易疲劳，站无站姿，坐无坐相。

（2）身体动作幅度大，力度控制不良。

（3）感觉回馈差，容易碰撞。

（4）上下楼梯困难。

（5）方向感差，容易迷路走失。

（四）视觉失调

（1）目光对视差，开灯入睡困难，害怕强光。

（2）常眯眼、斜眼、揉眼，用力眨眼或侧头看东西。

（3）视物易疲劳，抱怨物体模糊或有双重影，厌恶阅读，经常跳读漏读。

（4）写字偏旁部首颠倒，字体大小不一。

（5）视物追踪差，不能双眼同时注视移动的物体。

（6）拼图困难，空间概念差，不能理解上下前后等概念。

（7）经常错误判断物体与环境的距离。

（五）听觉失调

（1）睡眠不安，容易被很小的声音惊醒。

（2）无法找到声音来源。

（3）运动时会不同寻常地突然说话。

（4）对电话铃声等日常生活中的声音反应过度，常抱怨声音刺耳。

（5）无法在有背景声音的环境下工作学习，容易分心。

（6）听觉记忆短暂，易忘记别人说的话。

（7）社交情绪障碍。

四、运用教具的作用

运用教具进行教育康复训练，指的是在进行感觉统合运动指导时，从儿童操作教具时的反应，看出儿童感觉统合方面的问题，最终对儿童进行有针对性的教育康复训练。例如：小滑板是一种用于训练儿童感觉运动能力的教具，它操作简便，儿童对小滑板滑行方向的控制、操作滑板时手指手部的灵活性，以及儿童在滑板上的情绪表现等都有助于我们判断儿童存在的问题类型；大龙球是练习身体和地心引力之间协调能力非常重要的一种教具；旋转浴盆可以用来测试儿童的平衡能力及运动能力的成熟程度。当然，运用这些教具对儿童的感觉统合失调情况进行教育康复训练时必须由专家或在专家的指导下进行。

五、感觉统合能力发展评估量表

（一）儿童感觉统合能力发展评定量表

《儿童感觉统合能力发展评定量表》（该量表见附录部分）是由艾尔斯经过多年的临床试验编制的量表，该量表主要是由儿童家长根据儿童的发展情况填写。它是我国目前最为标准化的评定量表。该量表主要包括五个方面的内容：大肌肉及平衡能力；触觉及情绪稳定性能力；本体觉及身体协调能力；视听觉及学习发展能力；大年龄儿童的特殊问题。该量表一共由58道题目组成，每道题目都有"从不这样""极少这样""偶尔这样""常常如此""总是如此"5个选项，家长根据儿童的实际表现情况在相应处进行勾选。其中，当一道题目勾选"从不这样"时计分为5分、勾选"极少这样"时计分为4分、勾选"偶尔这样"时计分为3分、勾选"常常如此"时计分为2分、勾选"总是如此"时计分为1分。在使用该量表对儿童感觉统合失调情况进行诊断时，诊断者需要根据儿童的年龄将其家长填写好的量表里面各题目的分数总和（原始分）换算成标准分后进行诊断。最后，若儿童的标准分小于40分，说明可能存在感觉统合失调现象。若标准分界于30分至40分之间，则为轻度感觉统合失调；若标准分界于20分至30分之间，则为中度感觉统合失调；若标准分小于20分，则为重度感觉统合失调。

（二）感觉统合测评量表

《感觉统合测评量表》（该量表见附录部分），该量表主要适用于2—12岁的儿童，它总共包括八个部分的内容：前庭平衡和大脑双侧分化、脑神经生理抑制困难、触觉防御过多或不足、发育期运用障碍、视觉空间和形态感觉情形、本体觉能力、学习和情绪状态、应对压力挫折和自我形象感知能力。该量表一共由67道题目组成，每道题目按照"从不这样""很少这样""有时这样""常常这样""总是这样"分为1—5分五级制进行评分，"从不这样"为最低分，"总是这样"为最高分。

该量表第一部分为前庭平衡和大脑双侧分化，总共包括14道题目，该部分规定的测评结果是：总分14—19分为正常；总分20—25分为可能存在轻度失调；总分26—32分为可能存在中度失调；总分33—43分为可能存在重度失调。该量表第二部分为脑神经生理抑制困难，总共包括9道题目，该部分规定的测评结果是：总分9—18分为正常；总分19—23分为可能存在轻度失调；总分24—29分为可能存在中度失调；总分30—38分为可能存在重度失调。该量表第三部分为触觉防御过多或不足，总共包括14道题目，该部分规定的测评结果是：总分14—23分为正常；总分24—29分为可能存在轻度失调；总分30—37分为可能存在中度失调；总分38—52分为可能存在重度失调。该量表第四部分为发育期运用障碍，总共包括11道题目，该部分规定的测评结果是：总分11—16分为正常；总分17—21分为可能存在轻度失调；总分22—30分为可能存在中度失调；总分31—43分为可能存在重度失调。该量表第五部分为视觉空间和形态感觉情形，总共包括5道题目，该部分规定的测评结果是：总分5—6分为正常；总分7—10分为可能存在轻度失调；总分11—14分为可能存在中度失调；总分15—20分为可能存在重度失调。该量表第六部分为测评本体觉能力，总共包括10道题目，该部分规定的测评结果是：总分10—15分为正常；总分16—21分为可能存在轻度失调；总分22—30分为可能存在中度失调；总分31—40分为可能存在重度失调。该量表第七部分为学习和情绪状态，总共包括2道题目，该部分规定的测评结果是：总分2分为正常；总分3—4分为可能存在轻度失调；总分5—6分为可能存在中度失调；总分7—10分为可能存在重度失调。该量表第八部分为应对压力挫折和自我形象感知能力，总共包括2道题目，该部分规定的测评结果是：总分2分为正常；总分3—4分为可能存在轻度失调；总分5—6分为可能存在中度失调；总分7—10分为可能存在重度失调。

需要特别说明的是，由于《感觉统合能力发展评定量表》《感觉统合测评量表》这两个量表主要是由被诊断者（儿童）的家长填写量表里面各题目的选项，有时难以避免可能存在主观的观点，诊断结果可能与儿童的实际情况有差异。因此，当我们使用这两个量表对儿童感觉统合失调进行诊断时，还需要诊断者结合多个方面的诊断结果，综合儿童的日常生活、行为、临床表现、训练中使用教具时的表现、儿童智力发展水平以及诊断的训练经验做出合理且客观的评定。

（三）韦氏儿童智力量表

该量表（见附录部分）主要是以测试题的形式要求被测试儿童在规定的时间内完成测试。韦氏儿童智力测试试题，主要适用于6至16岁的儿童，它包括6个言语分测验：常识、类同、算术、词汇、理解、背数；6个操作分测验：图画补缺、图片排列、积木图案、物体拼配、译码、迷津。其中，背数和迷津两个分测验是备用测验，当某个分测验由于某种原因不能施测时，可以用之替代。完成该量表的填写大约需要50分钟到70分钟，具体由儿童的答题情况及速度而定。测验实施时，言语分测验和操作分测验交替进行，以维持被试者的兴趣，避免疲劳和厌倦。该量表共有十个分测验和四个补充测验，分别从总智商、言语理解、知觉推理、工作记忆和加工速度对儿童的智力特征进行评估。该量表要求在儿童归属的年龄范围内将其测评原始分数换算成标准分数。通过该量表可以大致诊断出儿童的智力水平、初步了解儿童的语言理解和知觉组织能力、儿童的感知觉和动作协调能力、儿童的语言和社会交往能力、儿童的认知能力等，从而可以进一步为儿童的家长和教师训练、改善儿童的认知能力提供参考，帮助其长期有针对性地、系统地对儿童实施感觉统合训练，以促进其适应性行为的发生。该量表测评结果解释见表2-1和表2-2。

表2-1 智力等级分布表

智力等级	智商范围
极超常	≥130（每档10分）
超常	120—129
高于平常	110—119
平常	90—109（两档20分）
低于平常	80—89（每档10分）
边界	70—79
智力缺陷	≤69

表2-2 智力缺陷等级和百分位数

智力缺陷等级	智商范围
轻度	50—69（2档20分）
中度	35—49（1.5档15分）
重度	20—34
极重度	0—19（2档20分）

第三章　儿童感觉统合训练技术

第一节　儿童感觉统合训练的基本原则

在对各类儿童进行感觉统合训练中，根据儿童自身的身心发展特点、年龄归属水平、需求、情绪状态等方面制订训练计划是对其进行训练之前的准备工作，直接指导着训练的整个过程，决定着整个训练效果的好坏。因此，在为其拟订训练计划以及在对其进行训练的过程中都应考虑好、遵守好一些基本原则，以保证整个训练有序进行。

一、客观科学性原则

为保证感觉统合训练的整个过程对儿童是有益的并能有序开展，对儿童进行正式训练前需通过对其日常生活、行为、同伴活动参与情况、学习状态、身体接触时的反应、临床表现等方面进行观察，并结合评估量表对儿童的感觉统合水平进行诊断和评估，精确地掌握儿童的感觉统合水平，之后才能为儿童制订有针对性的训练计划、设计出最合适于儿童的训练目标、内容、训练进度等，以达到在训练过程中不但能提升儿童感觉统合能力，而且能促进儿童的身心健康发展。

感觉统合训练的目的是使儿童的七大感觉系统之间得以相互协调整合，将大脑接收到的各种刺激信息进行过滤、整合、抑制、统一、比较、分析、解释后最终形成适应性的反应能力，促使儿童融入社会生活。因此，每次对儿童进行感觉统合能力训练时应给予儿童多样化的感觉刺激体验。同时，需要根据儿童的生理、心理发育特点，考虑训练内容的科学性。训练中，合理安排训练项目，关注儿童心理的感受和变化，通过控制环境给儿童适当的感觉刺激，以改善儿童各项感觉功能，促使儿童各项感觉系统协调发展，提高其感觉统合能力。

二、以儿童为中心原则

感觉统合训练最基本的一点是要做到以儿童为主体、训练师为主导，在训练中让儿童及其家长感受到整个训练计划的实施都是为改善儿童的能力水平而进行的。每个儿童即便是在相同的年龄阶段其感觉统合能力以及自身各方面的能力发展水平也都会有差异，要根据不同感觉统合失调的类型、程度、能力、训练的需求等儿童个体的实际情况为其开展具体的训练，切忌以统一的能力标准、统一的训练计划应用于所有儿童的训练。儿童的身心发展特点以及各方面的能力发展水平在阶段性地发展。在不同的年龄阶段，儿童会突出某一领域快速发展的能力，儿童的各个感觉系统不平衡地发育但又相互统一，协调运作。

因此，在训练过程中训练师应理解儿童生长发育的规律，理解和尊重儿童发展的差异，充分发挥好训练师的作用，并在履行好职责、权利和义务的前提下，以儿童为训练的对象，突出儿童的中心地位。同时，在训练过程中对于儿童出现的问题要及时、主动、耐心地找出导致问题的原因，适时根据儿童的情绪状态、身体状况、现有水平、兴趣的程度、训练内容的难易程度等调整好训练的内容和进度，以调动儿童主动参与整个训练过程的积极性和兴趣，获得良好的训练效果。

三、安全性原则

在整个训练过程中首先要保证好儿童的人身安全，这也是开展训练最基本的前提条件。这就要求训练师在训练中要掌握好各种训练器材的正确使用方法，结合儿童的承受能力、情绪状态、身体状态调节并控制好每次训练活动对儿童给予感觉刺激的强度、频率、节奏、维持的时长，以避免儿童因接收过量、过度或被动式的训练产生疲劳而影响儿童身心健康发展。

此外，在开始训练前，训练师还需要清除训练室中与训练无关的物品，以避免儿童在训练中无意碰撞到这些物品而受伤。训练师要根据儿童对训练项目、训练器材的掌握程度，尤其是对于能力水平比较低又是初次使用训练器材的儿童，训练师应给予其适当的动作性辅助或明确的指导语提示，以避免儿童摔倒受伤，避免发生伤害事故，保证儿童身心健康发展。

四、循序渐进原则

儿童各方面能力的发展遵循的是阶段性不断发展原则，并且儿童各种能力都是按照一定的规律发展的。因此，感觉统合训练中需要训练师按照由简单到复杂的先后顺序调节和控制好训练的难易程度，并按照由单一的训练项目到复杂的综合训练项目的顺序制定并实施训练计划的内容。在刚开始训练时训练师以助动式训练模式为主引导儿童进行训练，待儿童能力发展到一定程度再转化成以主动训练模式为主。

对于儿童在训练中的表现训练师切忌急躁，对于反复强化训练后儿童还是无法配合训练进度进行训练的情况，训练师可以及时与儿童的家长进行沟通交流，便于精确及时地制订和实施有针对性的训练计划内容。若儿童出现与训练目标相反的问题行为时，训练师要稳定自己的情绪，注重控制自己的语速、语调，不要夸大儿童的感觉统合失调，训练师要耐心并认真地分析并找出训练中出现问题的根源所在，尽快找出适合于儿童当前情况的训练方式，实现训练目的。

五、正向情绪体验原则

训练中让儿童有正向的情绪体验是训练活动持续开展的前提和保障。在每次训练中训练人员要注重儿童的感受，让儿童感受到快乐的情绪体验，只有这样才能促进儿童感觉统合能力的发展。因此，在训练中训练人员要积极接纳儿童，要有和蔼亲切的态度，当儿童做出正向行为时及时给予正向的强化（表扬、奖赏）和支持（激励机制）；当儿童做出负向行为时要耐心及时地给予其引导、鼓励、动作示范和辅助，让儿童在训练中感受到轻松、愉快，从而使其获得自信心。训练人员应培养儿童参与训练的兴趣，最终将"要他训练"转化成"他要训练"，这样有利于促进儿童感觉统合能力的发展。

除此之外，还可以通过创设外在环境条件，利用环境对人的影响，让儿童在舒适的环境中进行训练。例如：根据儿童的年龄、性格为其创设一个多样化、刺激、温馨的环境，让儿童主动参与训练，确保训练有序进行。

六、及时反馈原则

及时反馈原则指的是在对儿童实施训练的前后阶段，训练师都要对儿童感觉统合失调的种类和程度向儿童的家长进行反馈，在儿童家长的配合参与下，根据儿童的感觉统合失调的不同种类和程度，为其制订和调整不同的感觉统合训练方法、方式，并有针对性地为每一个儿童选择训练项目、训练时间、频次、强度，而且还需要经常与儿童的父母进行交流，以便获得儿童感觉统合失调的原因，为儿童开展有效的训练。训练中，当儿童取得进步时，训练师要及时反馈给儿童的父母，以增强儿童的父母对儿童的信心，增强儿童与父母之间的亲子关系，进而使其更有信心配合整个训练。

每次训练中，训练师需要对儿童具体的感觉统合发展水平进行反复的观察、衡量、反馈和总结，然后根据儿童的具体情况为其调整感觉统合训练的内容、进度、难易程度等，制订与儿童感觉统合能力发展相适应的感觉统合训练课程。

第二节 儿童感觉统合训练项目及技术要领

面对儿童出现的一系列问题，家长常常感到很焦虑。各门课程的任课教师想尽了各种方式方法对其进行教育后，最终也只能告知家长："这个学生我也没有办法了。"尤其本身急躁的家长有时候情绪没有把控住会打骂儿童收场，打完后又会常常感到后悔。但家长需要明白的是，儿童出现负向行为或与家长期望不相符的问题行为时，并不全是因父母没有尽好责任，家长只顾着自责，或是斥责、打骂儿童，各任课教师只单纯对其改变教育教学的方式、方法，而未从产生儿童问题行为根本原因的角度出发，去借助于实践过程来提升儿童的心理和感觉系统功能的改善，使其指向儿童正向行为和能力的表现，最终对儿童都不会产生任何实际的意义和作用。

"玩"是儿童的天性，游戏就是其呈现的主要方式之一。对儿童进行感觉统合训练的过程可以借助于游戏使儿童提升其视知觉、听知觉、注意力、学习、情绪调控、手眼脑反应和协调、触觉等方面能力。因此，笔者在此将根据感觉统合失调的主要特征、类型分别对触觉能力训练、前庭平衡觉能力训练、本体觉能力训练进行陈述。

一、触觉能力训练

触觉能力训练主要通过肤觉能力训练得以体现，肤觉一般包括：触觉、温度觉、重量觉、痛觉。

（一）训练目的

增强儿童皮肤与刺激物的接触，促进其身体的关节、肌肉神经感应的灵敏度，促进儿童大脑感觉神经的成熟，促进其社会交往能力的发展。

（二）训练对象

触觉反应过分敏感或过分迟钝的儿童，常表现出胆小、爱哭、爱发脾气、做事冲动任性、注意力差、对身体上的疼痛无反应、挑食、爱吃手、害怕接触新的环境等行为。

（三）训练常用器材

大龙球、小按摩球、羊角球、滑板、海洋球、花生球、阳光隧道、触觉步道、滚筒。

（四）训练的方式

儿童感觉统合能力训练的方式通常分为：被动训练方式、助动训练方式、主动训练方式。

1. 被动训练方式

在该方式的训练中，训练人员、家长或同伴可通过拍打、揉搓、吹气的方法刺激儿童体肤，实现触觉功能的被动训练。被动感受、迎风等都属于被动训练方式。

2. 助动训练方式

该项训练方式要求训练人员徒手辅助儿童完成触觉训练，主要用于协助儿童向助动训练过渡，也可开展同伴互助式活动。我画你猜、借手搓肤等都属于助动训练方式。

3. 主动训练方式

选用该项训练方式时，儿童可自主选择与自己能力水平相适应的感兴趣的活动项目。背靠背、挠痒痒、点穴游戏等都属于主动训练方式。

（五）训练的方法

通常儿童触觉功能训练的方法一般分为：专项训练和伴随性训练。

1. 专项训练

以触觉刺激为主的专门训练，可设计少量非触觉刺激类训练项目，以调节训练气氛、缓解训练疲劳。

2. 伴随性训练

在其他训练或日常生活中附带对儿童的肤觉进行训练。长期进行专项训练，儿童及训练人员会对训练内容及方式产生疲劳，而伴随性训练又存在训练强度不足，所以两者需要相互结合。家长或训练师还可以利用日常生活环境及相关资源对儿童的触觉能力进行训练。例如翻滚、搓围棋、洗澡、亲子互动、搓背、柔物轻撩、感受风吹、溜滑梯、草坪游戏、玩沙游戏。触觉训练可选择的刺激方式一般包括触摸、按压、滚压、揉搓、撩拨、点击、振动，单一区域的持续训练以及多区域的跳跃训练等。

（六）训练的强度控制

触觉刺激的效果与刺激时长及强度成正比。因此，训练要有一定的刺激强度且维持足够的时长。要特别注意个体差异性以及同一儿童在不同训练阶段的差异，触觉过敏者的训练强度应该由弱到强，触觉迟钝者的训练强度应该由强到弱。

（七）训练的基本途径

感觉统合训练通过机构训练、家庭训练、学校训练以及日常活动训练四种途径来实施。训练师要采用家庭训练与机构训练相结合的方式，以家庭训练为基础，机构训练提供技术支持与指导。

（八）训练的注意事项

在对儿童进行触觉能力训练时，要根据体肤触觉敏感性实时调整刺激部位。在儿童的训练初期，触觉刺激部位须从相对不敏感的部位逐步过渡到敏感部位；当儿童逐渐熟悉或适应刺激方式后，刺激部位的选择可不必拘泥于特点顺序；训练中渗透必要的认知教育。例如：儿童躯体各部位的名称、各部位之间的关系；在训练中要加强注意儿童的训练体位、动作类型及操作方式；训练师要深度熟悉儿童训练环境及用于训练儿童触觉能力的器材的名称、功能、物理属性；要充分掌握儿童生理及心理感受；训练师在对儿童进行触觉能力的训练时其采用的训练形式要多样化。

二、前庭觉训练

（一）训练目的

调整前庭信息及平衡神经系统自动反应机能，促进语言组织神经健全、前庭平衡及视听能力完整程度。

（二）训练对象

身体灵活度不足、姿势不正、双侧协调不佳、多动、爱惹人、语言发展迟缓、视觉空间不佳、阅读困难、自信心不足、注意力不集中、容易跌倒、方向感不明、学习能力以及习惯培养困难。

（三）训练器材

圆筒、平衡踩踏车、按摩大龙球、滑梯、平衡台、晃动独木桥、袋鼠袋、圆形滑车。

（四）训练方式

1. 被动训练方式

采用该方式训练时，训练人员、家长或同伴可鼓励儿童突破自我，或者对其施加一定的压力，帮助儿童进行训练。

2. 助动训练方式

该训练方式要求训练人员辅助儿童完成任务，或将儿童分组，通过儿童之间的互助来完成任务。

3. 主动训练方式

选用该训练方式时，儿童可自主选择与自己能力水平相适应的感兴趣的活动项目。要帮助儿童做好活动前的准备，同时，项目的开展应该循序渐进。

三、本体觉训练

（一）训练目的

强化固有平衡、触觉、大小肌肉双侧协调，提高身体灵活性和运动能力、健全左右脑均衡发展。

（二）训练对象

语言发展缓慢、笨手笨脚、注意力不集中、多动不安、情绪化、组织力及创造力不足的儿童。

（三）训练器材

跳床、平衡木、晃动独木桥、滑板、S型垂直平衡木、S型水平平衡木、圆形平衡板。

（四）训练方式

1. 被动训练方式

采用该方式训练时，训练人员、家长或同伴可耐心引导儿童感受自我，平心静气，慢慢提升自我控制能力。

2. 助动训练方式

该训练方式要求训练人员辅助儿童完成任务，在过程中要保持耐心，及时引导启发；或将儿童分组，通过儿童之间的互助、互相鼓励来完成任务。

3. 主动训练方式

选用该训练方式时，儿童可自主选择与自己能力水平相适应的感兴趣的活动项目，或者根据儿童感兴趣的事物，改造活动项目。训练人员要帮助儿童做好活动前的准备。训练的开展应该循序渐进。

第三节　常用训练器材的操作要领及训练方法

一、大龙球

大龙球是儿童感觉统合能力训练中最为常见、使用比较频繁的一种训练器材，该器材的训练通常适用于存在触觉、前庭觉、本体觉失调较为突出的儿童。大龙球一般直径在65cm至100cm之间，具有较强的弹性，大龙球又分为光滑面大龙球和带颗粒面大龙球（图3-1，3-2）。相比较而言，光滑面大龙球对儿童产生的刺激较小、带颗粒面大龙球对儿童产生的刺激较大。从对儿童训练效果的角度考虑，对于初次训练且年龄较小的儿童，一般采用光滑面大龙球进行训练；对于已训练一段时间或年龄较大的儿童，一般采用带颗粒面大龙球进行训练。为充分开发儿童的触觉能力，充分运用好大龙球的训练作用，在使用大龙球对儿童进行触觉能力训练时，按儿童的动作姿势的不同，可分为儿童俯卧大龙球训练、儿童仰躺大龙球训练、大龙球滚动与挤压训练、儿童弹跳大龙球训练。训练师采用大龙球对儿童进行训练时基本的动作包括滚、按、挤、压、撞等。

图3-1　光滑面大龙球

图3-2　带颗粒面大龙球

（1）儿童俯卧大龙球的训练

训练师要求儿童俯卧在大龙球上，训练师掌控好儿童的重心，确保其重心主要位于儿童的腰部。训练师在后方抓住儿童的双脚，前后、左右以快慢变化的速度拉动儿童，让儿童在大龙球的转动中，接受身体来自大龙球的触觉刺激信息，提升儿童的触觉能力，同时也可以改善儿童的前庭觉能力以及调适其身体的重力感。需要训练师注意的是，训练中拉动儿童的速度不宜过快，要尽量让儿童通过发挥自身的调控能力获得与大龙球间的平衡，以确保在训练中儿童不会从大龙球上掉落下来（可参见图3-3，3-4，3-5）。

图3-3　儿童助动性俯卧大龙球训练之一

图3-4　儿童助动性俯卧大龙球训练之二

图3-5　儿童助动性俯卧大龙球训练之三

（2）儿童仰躺大龙球的训练

训练前，为提升儿童参与训练的主动性，同时确保儿童身体安全，防止颈部、腰部突然被拉伤，训练师要带领儿童做好热身运动，并用语言引导提醒儿童在接下来的训练中留心感受身体的关节、肌肉部位的感觉。训练中，训练师要求儿童仰躺在大龙球上，同时，训练师掌控好儿童的重心，确保其重心主要位于儿童的腰部，并协助儿童保持身体与大龙球间的平衡，然后训练师双手分别握住儿童的大腿或双手手腕，前后、左右以快慢变化的速度拉动儿童（可参见图3-6，3-7，3-8，3-9，3-10）。

图3-6　儿童助动性仰躺大龙球训练之一

3-7　儿童助动性仰躺大龙球训练之二

图3-8　儿童助动性仰躺大龙球训练之三

图3-9　儿童助动性仰躺大龙球训练之四

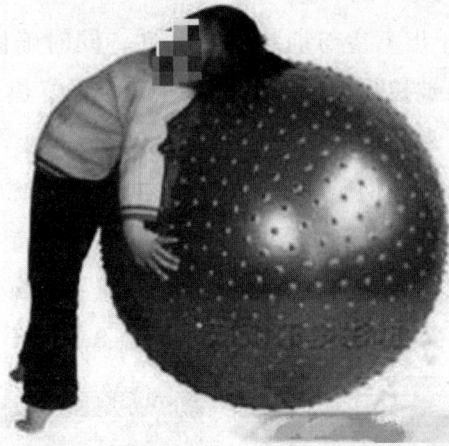

图3-10　儿童主动性仰躺大龙球训练

（3）大龙球滚动与挤压训练

　　要求儿童仰躺或俯趴在地毯上，训练师将大龙球放在儿童的身上，由轻到重、由慢到快，按照前后、左右反复进行滚动或挤压大龙球。该训练方式对于触觉过于敏感或过于迟钝的儿童的训练效果非常明显。对于触觉过于敏感的儿童，让其俯趴在地毯上，用大龙球在儿童的背部前后、左右由轻到重、由慢到快进行滚动或挤压，儿童比较容易配合训练；对于触觉过于迟钝的儿童，让其仰躺在地毯上，用大龙球在儿童的腹部前后、左右进行滚动或挤压，或者固定好触点轻轻敲打大龙球，能有效改善儿童的触觉感知能力（可参见图3-11，3-12，3-13，3-14）。

图3-11　大龙球滚动腹部训练　　　　图3-12　大龙球滚动背部训练

图3-13　敲打大龙球训练

图3-14　挤压大龙球训练

（4）儿童弹跳大龙球训练

儿童坐在大龙球上，训练师双手托住儿童的腰部或腋下，或者在训练师的辅助下儿童站在大龙球上，然后训练师托起儿童的身体上下反复在大龙球顶端中心处进行弹跳和碰撞。由此可见，无论是何种方式的大龙球的训练都需要训练师具备很好的体力，尤其是儿童坐或站在大龙球上的弹跳训练更需要训练师具有旺盛充沛的体力。（可参见图3-15，3-16）

图3-15　坐在大龙球上训练

图3-16　站在大龙球上弹跳训练

训练中，每种感觉统合训练的器材对儿童训练的方式、类型、作用都不是单一的，在儿童训练中对儿童发挥的作用各有侧重。因此，可以根据儿童感觉统合失调的类型、特征和原因，以及儿童参与一定时间的训练后已获得的感觉统合能力发展水平而选择训练器材、训练方式等。大龙球在儿童训练中的训练方法、方式除了以上介绍的四种训练方式以外，还可以将大龙球连同其他的感觉统合训练器材综合训练。例如，可以将大龙球与滑梯、滑板、平衡木等一起进行儿童感觉统合综合性的训练，即将儿童和滑板带到滑梯旁，然后让儿童俯卧在滑板上，将儿童的重心控制在儿童的腰部，并要求儿童的头部向上抬，儿童的双手向前或向后伸直、双腿并拢伸直微微向上抬，然后儿童在训练师的推动下从滑梯上滑下后，迅速用额头部位去碰撞大龙球。此训练过程可使儿童的头部接收大龙球的刺激，感受身体与滑板、大龙球之间的接触，儿童从滑梯滑下时能使儿童接收外力带来的自我感受，有效提升儿童克服外在困难的勇气和信心，进而有效促使其触觉能力和前庭平衡觉能力。

另外，若训练师个人体力允许，还可以一边要求儿童仰躺或俯卧在大龙球上，训练师双手抓住儿童的双脚脚腕先后进行前后、左右方向动作的训练，一边给儿童唱儿歌，以便让儿童在有规律、节奏的情景中，体会到愉悦的情绪体验，提升其训练的兴趣和主动性，同时还能促进儿童语言能力的发展、调节儿童的情绪等；若训练师体能条件允许，可以双手托住儿童的腰部将儿童托起，让儿童臀部反复与大龙球进行一上一下的碰撞式的接触。训练师一边用此动作姿势训练儿童，一边给儿童数数，以便随着训练师数数的节奏培养儿童数数的能力、记忆力、注意力，使儿童更有兴趣地完成训练，从而更有效地取得改善儿童触觉能力的训练效果。综合起来，训练师采用大龙球对儿童进行感觉统合能力训练具体可参考表3-1的内容。

表3-1 采用大龙球对儿童进行感觉统合能力训练

训练器材名称	大龙球
该器材适用对象	存在触觉敏感或迟钝、前庭平衡感觉能力不足、本体觉能力不足的儿童
使用方法	1. 大龙球的按摩式训练 　　首先，训练师让儿童躺下，儿童的双手自然伸直，然后训练师对儿童做按压式、弹跳式、揉压式等不同形态的按摩式训练。这个动作可以锻炼儿童的触觉和本体觉，抑制其神经兴奋。对于触觉敏感的儿童，让儿童做出趴卧的动作，训练师对其进行背部训练，儿童相对更容易接受。其次，还可以让触觉特别敏感的儿童做出趴卧动作，训练师在儿童的身上垫一块毛巾，然后用大龙球在其上面进行滚动、挤压式训练，同时把大龙球里面的气体放出一半，让儿童慢慢地随着大龙球气体容量减少的过程感受重力的变化。 2. 大龙球的仰躺式训练 　　训练师采用大龙球对儿童进行训练时，可以跟儿童的父母沟通，采用"家康"相结合的方式，鼓励儿童的父母参与儿童的训练过程。因此，训练师可以在儿童父母的帮助下，让儿童仰躺在大龙球上，保证儿童的背部、臀部、腿部都贴在大龙球上，然后由儿童的父母来把控儿童的腰部和大腿部，最后带动儿童在大龙球上前后、左右拉动，让儿童伴随大龙球的运动前后、左右晃动。当儿童在大龙球上适应了前后、左右的晃动时，训练师可以由慢到快的速度对儿童进行训练，当然在采用该训练方式对儿童进行训练时，也要根据训练师和儿童父母的身体最大化的承受能力做训练速度、训练强度的调整。 　　训练师采用大龙球仰躺式训练，即让儿童仰躺在大龙球上的训练方式，可以最大化地让儿童感觉不同方位与不同节奏的变化，丰富儿童的前庭感觉，增强儿童对重力的调适感。在该训练中，训练师通过对儿童身体的控制可以锻炼儿童的触觉、前庭觉和颈背部肌肉的张力，调整儿童的重力感，增强儿童身体部位的掌控能力与协调能力，同时也可以提升儿童的触觉能力。 3. 大龙球的俯卧式训练 　　训练开始前，训练师让儿童趴在大龙球上，儿童的头抬起，让儿童的手尽量碰到地面，然后可由训练师或家长抓住儿童的脚腕，向前后推动或向左右移动；另外训练师还可以通过手扶着儿童的腰让儿童俯卧在大龙球上，再让儿童的手撑到地上，由家长或训练师抓住儿童的双脚保持稳定，并让儿童的头部抬高，视线向前，然后由训练师把目标物放在儿童伸手可以触摸到的位置，要求儿童把目标物体捡起来放在指定的位置，单次的训练时间最好不低于5分钟。

使用方法	儿童俯卧在大龙球上，随着大龙球的转动过程，感受空间的变换，进而在此训练中提升儿童的空间感知能力。通过调整和改变训练的速度，调动儿童前庭系统的感知和处理能力，从而刺激儿童前庭系统的发育。 4. 坐在大龙球上做上下颠动式训练 首先可由训练师或家长协助儿童坐在大龙球上，保持大龙球的稳定，训练师或家长的手放在儿童的腰上做上下颠动式训练。让儿童在大龙球上做上下颠动，儿童的前庭觉能力得以开发，让儿童在大龙球上保持稳定可以提高其身体控制能力，发挥其身体的自我保护功能。 5. 跪坐在大龙球上的训练 首先，训练师让儿童坐或跪在大龙球上，并根据儿童的年龄或儿童自身的能力情况决定是否对儿童进行辅助。为确保儿童配合整个训练过程，刚开始对儿童进行训练时可由训练师或儿童的家长来辅助儿童维持身体平衡，当儿童逐渐熟练后，训练师或儿童的家长可慢慢放手，让儿童独自跪坐在大龙球上。 6. 儿童推大龙球绕障碍物的训练 首先，由训练师在训练场地摆放些障碍物，让儿童推着大龙球绕过障碍物。训练中训练师要注意摆放的障碍物之间的距离要适中，每两个障碍物在距离上不能太远也不能太近。采用该训练方式不仅可以增强儿童手部与大龙球之间的感知触觉能力，还可以锻炼儿童的手眼协调能力、姿势控制能力、手臂运用能力和运动计划能力。
训练注意事项	1. 在整个训练过程中，训练师要充分利用好引导、示范、辅助、指令性的动作，并要特别保证好整个训练过程中儿童的安全。 2. 对于触觉敏感的儿童，对儿童采用压背（趴卧）式训练，儿童相对更容易接受，进而保证整个训练的持续性效果，而对于触觉迟钝的儿童最好采用俯卧式训练方式，对儿童的胸部、腰部、手部等儿童的各身体部位做前后、左右重复性的训练。 3. 刚训练时在速度上不要太快，待儿童熟练后可以逐渐调整整个训练速度。 4. 训练师在整个训练过程中应结合儿童多方面的能力进行开发性训练，以保证训练的有效性，体现以儿童为主体的主体性训练原则。

二、小按摩球

小按摩球直径通常约为8厘米。小按摩球的球面刺多，对皮肤的局部刺激较大。采用小按摩球对儿童进行训练，可以提高儿童的触觉能力，增强儿童本体感及儿童的左右脑分化的能力。给儿童多做小按摩球的训练，可以刺激儿童全身的触觉神经，进一步刺激儿童的大脑发育。但需要特别注意的是，当训练师采用小按摩球对儿童进行触觉能力训练时，为保证儿童身体安全并让儿童积极参与训练过程，训练师不要用力过猛。训练师采用小按摩球对儿童进行感觉统合能力训练可参照表3-2内容。

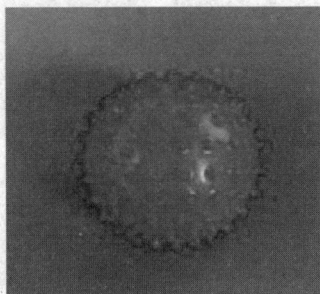

图3-17 小按摩球

表3-2 采用小按摩球对儿童进行感觉统合能力训练

训练器材名称	小按摩球
适用对象	触觉不足、本体感不足的儿童
使用方法	首先，训练师可用小按摩球触碰儿童的头部、背部、颈后部以及儿童的前庭神经部位，也可让儿童用双手将小按摩球放在手心转动，触碰手背、手腕、脚底等身体部位，可活化儿童的触觉感受，使儿童的触觉得以加强。也可以引导儿童抓握球体，训练师一边采用小按摩球对儿童进行从头到脚各个身体部位的训练，一边用鼓励性的语言来夸赞儿童，以提高儿童参与整个训练过程的积极性。 通过采用该器材对儿童进行触觉能力训练过程，借助于小按摩球对儿童身体的刺激，提高儿童皮肤的耐受能力，强化儿童的触觉刺激，同时发展儿童手部的抓握和触觉能力。通过借助小按摩球的球体表面按摩儿童身体肌肤，刺激儿童的神经末梢，可促进儿童的血液循环，放松儿童紧张的神经，稳定儿童的情绪。另外，儿童抓握小按摩球，还能控制儿童大小肌肉及手眼协调能力，改善其身体的平衡能力，增强身体的灵活性。
训练注意事项	运用小按摩球对儿童触觉能力的训练要按照一定的顺序和规律进行，反复进行多次，并做交替性训练，在训练中训练师用力不能过猛，以免伤害到儿童的皮肤及身体；在训练中，训练师要一边训练一边跟儿童进行语言性的游戏活动，以提高训练对儿童的综合性改善水平，调动儿童参与训练的积极性。

三、羊角球

羊角球通常适用于2岁至6岁存在触觉过分敏感或者过分迟钝、害怕陌生环境、情绪不稳定、容易发脾气等感觉统合能力失调的儿童。

图3-18 羊角球

在采用羊角球对儿童进行感觉统合能力训练时，训练师可以指导儿童坐在羊角球上，然后用语言提示或动作辅助让儿童以最大力度压坐在羊角球上，身体保持自然屈曲，同时儿童的双手握紧羊角球的把手，然后要求儿童双脚蹬地带动羊角球随身体一起往前跳动。当儿童的双手握住羊角球、双脚同时蹬地起跳时，儿童的跳跃能力和下肢的力量得到锻炼，儿童的姿势反应和双侧的统合得以强化，进而促进儿童的运动能力发展，提高其本体觉统合能力，采用羊角球对儿童进行感觉统合能力训练可参照表3-3内容。

表3-3 采用羊角球对儿童进行感觉统合能力训练

训练器材名称	羊角球
适用对象	触觉过分敏感或者过分迟钝、情绪不稳定、容易发脾气、挑食、偏食、喜欢吃手或咬指甲、害怕陌生环境、不喜欢被搂抱、怕黑、胆小、黏人、身体协调能力不好的儿童。
使用方法	首先，训练师让儿童坐在羊角球上，儿童的双手握住把手，保持身体平衡，儿童的身体要尽量用劲往下把球坐扁，然后借助于球的弹性进行上下跳动。在羊角球的训练中，儿童可以更多地依靠自己来保持身体平衡，可以不依赖训练师进行活动。 训练师可以采用羊角球互动击体方式进行训练，即两个儿童手握羊角球互相击打对方体侧。击打位置要对等，头部为禁区，不可击打。训练还可以采取游戏的形式，两个儿童自由移动，躲避对方球击。也可采用击点得分的方式增加训练的强度和激烈程度；在训练中，训练师可以通过给儿童规定路线，让儿童沿着训练师指定的路线跳动，以使跳动的方向作前后左右及旋转等变化；训练师可以规定跳跃的高度和距离，在地上设定标识，要求儿童按规定跳跃；另外，训练师还可以比赛的形式开展此项训练，即训练师让两个儿童一起起跳，看谁跳动的次数多，也可规定距离，要求儿童往返跳若干次，看谁先完成。跳动时，训练师可以在旁边绕圈，让儿童看着手中的彩旗等作视觉追踪，也可丢球给儿童看，训练儿童的眼球控制能力。 采用此训练器材可对儿童进行触觉能力训练，儿童双手握住羊角球、双脚同时蹬地起跳的这个过程，可锻炼儿童的跳跃能力和下肢力量；儿童骑着羊角球将重力放在两腿上，可以锻炼儿童的重力感与平衡力；另外，儿童的双腿夹着羊角球的运动过程可以强化儿童的姿势反应和双侧的统合，可以促进高深程度的运动能力发展，强化本体感。
训练注意事项	采用羊角球的训练，通常需要较大范围的场地，训练的空间和方式都比较灵活和多样，因此，如果设计安排多名儿童一起训练，则需要注意让儿童保持距离，避免发生碰撞。

四、滑板

在使用该器材训练儿童感觉统合能力时，儿童应保持卧、坐、站等体姿，完成双手助滑、物品搬运、联结车阵等任务，可一人、两人或团体训练。该器械可与滑梯组合使用，也可以进行手动操作。例如，可以让儿童俯卧在滑板上，以腹部为中心，身躯紧贴滑板，抬头、挺胸，头颈部抬高，双脚如青蛙游泳般屈曲，顶在墙壁上，用力一蹬，使身体贴着滑板向前滑行，同时，双手伸展，像游泳似的从两侧向后划，保持滑板继续向前滑行，滑到接近对面墙壁时，用手控制方向做180度回转，同时双脚屈曲，再蹬、再滑，如此反复多次；可以让儿童俯卧或仰躺在滑板上，用手拉着绳子，训练师牵动绳子，带动趴在滑板上的儿童做前进、转弯及旋转等任何动作；还可以让儿童仰卧，抬起头，四肢屈曲抬起，身体呈弓形，仅以腰部着滑板，并努力保持这种姿势，这是一种抗衡地心引力的姿势。做这种动作时头、腕、脚都会向上举，并使肌肉产生张力。采用滑板对儿童进行感觉统合能力训练可参照表3-4内容。

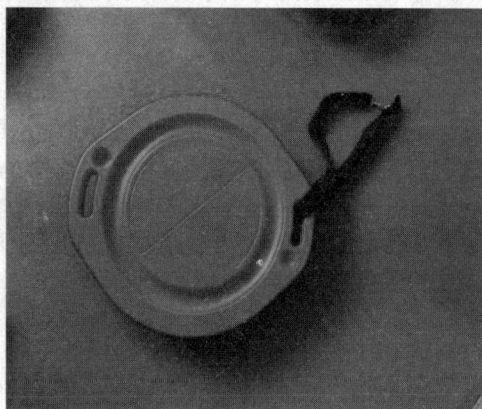

图3-19　滑板

表3-4　采用滑板对儿童进行感觉统合能力训练

训练器材名称	滑板
适用对象	上、下肢动作控制和前庭平衡能力不足的儿童；前庭觉不足、平衡感不足、本体感不足、触觉视觉不足的儿童。
使用方法	1. 儿童俯趴于滑板上，双脚离地向上，双手撑地滑行，训练其手臂力量，刺激触觉、前庭觉。 2. 儿童仰躺在小滑板上，头部抬高，用两只手滑动。颈部张力够的儿童颈部可以挺高，用腹部作重心，双手往前、往后，或是变化方向滑行。

训练器材名称	滑板
使用方法	3. 儿童俯趴于滑板上，以腹部为重心，颈部用力往上提，胸部向上挺起，双脚离地向上抬起，双手撑地滑行，以训练其手臂力量，刺激触觉及前庭觉能力。 4. 训练师通过牵引绳使滑板停在滑道或平地上，儿童坐或趴在滑板上后开始滑行，滑行中，训练师通过牵引绳控制速度。 5. 儿童盘腿坐在滑板上，双手紧握滑板，训练师转动滑板，刺激前庭觉、本体觉、锻炼平衡感，有助于改善晕车晕船症状。 6. 儿童双手抓住滑板一侧，向任意方向推动滑板，该玩法能有效锻炼儿童手脚协调能力及身体控制能力。 7. 儿童俯趴于滑板上，双脚离地向上，双手背于背上，训练师转动滑板，有利于锻炼儿童的前庭觉、本体觉、平衡力等。 8. 儿童仰卧于滑板上，双手抱头（可换其他训练器材，例如手握按摩球或体操球等），下肢屈曲，双脚与墙体接触，然后以不同力度蹬墙，身体随着滑板滑行。
训练注意事项	训练师要时刻注意调整儿童坐姿，帮助儿童感受滑行中身体调节的技术要求；训练过程中，提醒儿童滑行时要注意身体姿势，放松心理；同时要时刻注意儿童的反应；训练过程中，要注意儿童是否有头晕目眩、呕吐等不适反应；若有，要及时停止；儿童在滑行前要做好充分的热身活动，滑行中要注意变换滑行角度和距离，训练时不可脱离训练师的视线范围。

五、海洋球

一般情况下，儿童看见海洋球都会想躺进去，滚一滚，最后再爬出来。如果海洋球的数量不够多的话，可以选择让儿童做海洋球游戏，即辅助儿童将放在游戏起点处的海洋球一个一个运到游戏终点处的篮子里，再从游戏终点处的篮子里将海洋球一个一个运到游戏起点处。海洋球游戏可以提升儿童的团队合作能力、触觉能力，获得身心愉悦感，进而增强其本体觉能力。结合海洋球本身的特质，如色彩上的多种多样，且大小适中，还具有一定的浮力。因此，可以选择在儿童的浴盆中放入几个海洋球以吸引儿童的注意力，还有助于预防儿童在洗澡时的哭闹。训练人员还可以利用海洋球和儿童玩捉迷藏的游戏，将海洋球藏起来，让儿童寻找，可以锻炼儿童的观察能力和思考能力。采用海洋球对儿童进行感觉统合能力训练可参照表3-5内容。

图3-20　海洋池里的海洋球

表3-5　采用海洋球对儿童进行感觉统合能力训练

训练器材名称	海洋球
适用对象	触觉不足、本体感不足的儿童。
使用方法	训练师指导儿童从软体彩虹爬梯爬进海洋球池，然后让儿童慢慢坐下或躺下，将身体全部藏入球池中，接受球的挤压，加强对全身触觉系统的刺激与锻炼，以训练其触觉防御，强化触觉方面的本体感。儿童也可在里面进行翻滚、爬行、阻力行走、抓握海洋球等；还可以根据儿童的能力水平设置离海洋球的不同的距离，然后在设置好的地方放一个桶，让儿童站在海洋球里将海洋球投掷进桶内。
训练注意事项	球池的球不宜过多也不宜过少，太少容易摔疼，球的质量要好，表面要光滑；要防止私人物品落入球池，扎伤儿童；幼儿进出球池需要成人扶持；进行池内训练时，要注意防止儿童的头颈后部撞击池壁上缘；要保持海洋球池及海洋球的卫生；儿童在海洋池里进行海洋球训练时，要注意儿童的安全。当儿童结束海洋球的训练后，一定要及时带儿童把手洗干净。若被训练的儿童还不会主动大小便，一定要先给儿童穿上纸尿裤，再把儿童放到海洋球池中，以保持良好的公共卫生；另外，在训练前要做好对各项安全隐患的检查。

六、花生球

该器材主要适用于2—8岁左右本体感觉和平衡感异常、触觉反应过分敏感或迟钝的儿童。训练师可以先让儿童俯卧或仰躺在花生球中间凹下的位置；然后指导儿童用四肢抱住球体，肚子在中间，头部尽力向上抬起；放置好以后，保持身体处于水平位置，慢慢地进行前后左右的滚动，或在上面进行轻轻压挤，尽量滚动和压挤到身体的各个部位，做重复练习。在使用该器材训练儿童感觉统合能力时，训练师应当特别注意，儿童不可单独趴或坐在球体上，防止摔伤；活动时需要清理场地周围物品，防止儿童落下来撞到坚硬的物品；体重较大的儿童在球体上训练时，训练师需有足够的力量或有辅助人员协助训练；儿童仰卧滚动训练时，要防止后仰跌倒，头颈受伤；训练时，训练师引导并提示儿童上下肢协调运动，腹部或背部紧贴球体，身体重力尽可能由球承担，引导儿童体验刺激的部位、方向、快慢及球的自然属性，防止儿童头部撞击地面及周边物体。

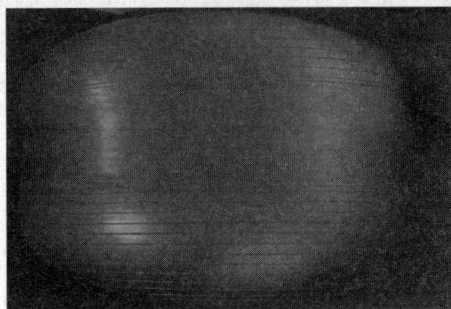

图3-21　花生球

七、阳光隧道

该器材主要适用于3—8岁触觉敏感或不足以及前庭感觉不足的儿童。训练人员在使用该器材对儿童感觉统合能力进行训练时可以先让儿童在训练人员的指导下自行在隧道里来回穿梭爬行，从阳光隧道的一头钻到另一头；然后训练人员在隧道内放置一些触觉球，指导儿童自行在隧道里来回穿梭爬行，并且用手触摸触觉球；再次让儿童躺进阳光隧道里面，肩部以上部位露在外面，手抱着头来回做翻滚动作。最后让儿童平躺在阳光隧道里面，训练师辅助推动。在使用该器材对儿童感觉统合能力进行训练时应避免地上有异物，儿童在爬行过程中容易受伤；在转动过程中要尽量和儿童说话，当儿童有不舒服的感觉时应马上停止训练，并协助儿童从隧道里爬出来；训练时阳光隧道应放置在较软的地面上，防止儿童在翻滚过程中伤及头部。

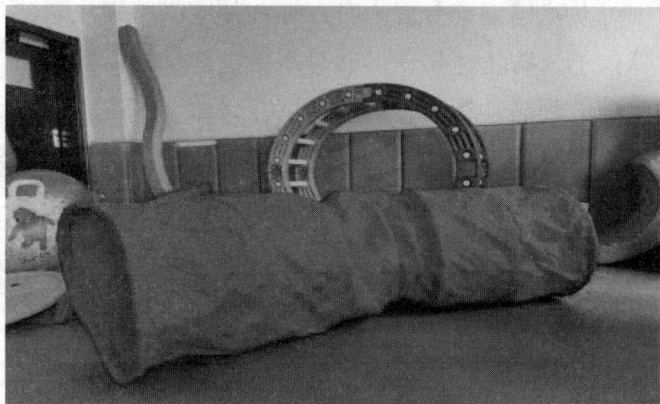

图3-22 阳光隧道

八、触觉步道

该器材主要适用于3—8岁触觉发展不足、迟钝、平衡感弱、协调性弱的儿童。

在使用该器材对儿童进行感觉统合能力训练时可以选择如下几种不同的训练方式：

（1）步道上爬行：将平衡步道平铺于地面，儿童双手撑在平衡步道上，双腿跪在平衡步道上，从一侧爬行到另外一侧；

（2）步道上行走：将平衡步道平铺于地面，儿童脱掉鞋子站立在平衡步道上，双手平举，从一侧走到另外一侧；

（3）左蹦右跳：儿童双腿并拢站在平衡步道一侧，双手握拳置于腰间做准备姿势，双脚同时蹬地起跳越过平衡步道，跳跃时手臂自然摆动。

在训练过程中，训练人员还应特别注意以下几个方面：

（1）训练时要注意强度和时长，对于触觉敏感者，训练强度应由弱到强，对于触觉迟钝者，训练强度应由强到弱；

（2）灵活调整训练部位，宜从相对不敏感的部位开始，逐渐过渡到敏感部位，再到相对不敏感的部位；

（3）训练前清洗脚、手等部位，以防止打滑摔伤；

（4）儿童上下步道时要防止脚趾触碰步道边角，可在步道边缘铺设软垫；

（5）训练时要注意稳住儿童，以免摔倒。

图3-23 触觉步道

九、滚筒

该器材主要适用于3—6岁本体感不足、前庭平衡感不足、前庭重力感不足的儿童。

在使用该器材对儿童进行感觉统合能力训练时可以选择如下几种不同的训练方式：

（1）俯卧滚筒，让儿童俯卧在滚筒的上面，姿势动作与俯卧在大龙球上的姿势动作相同，由训练师扶着儿童做前后晃的运动；

（2）站立平衡游戏，将滚筒竖立起来，让儿童自己爬到滚筒上面，然后分开两脚，伸展双手，保持身体的平衡，训练师在一旁注意保护，有困难时适当给予帮助；

（3）滚筒隧道游戏，把滚筒当作隧道，自己玩爬进爬出的游戏，可以头在前，脚在后，顺着进去，倒着出来，也可以脚在前，头在后，倒着进去，顺着出来。

在训练过程中，训练师还应特别注意以下几个方面：

（1）刚接触游戏时滚动速度不要太快，熟练后可以逐渐改变速度，让儿童体会身体的平衡。

（2）在做滚筒训练之前观察儿童的姿势，有错误应及时纠正，确保儿童在训练中不会受伤。

（3）根据儿童自身能力和对游戏的熟悉程度，在滚筒上摇晃的速度可以有变化。

（4）当儿童爬进筒内，指导他将手指和手臂张开，注意保护头部，同时颈部用力支撑头部，不要把头靠在筒壁上，训练师轻轻推动滚筒转动，可来回小幅转动，也可先顺着一个方向慢速转动若干圈后，稍作停顿，再向相反的方向转动若干圈。注意旋转速度不能太快，以免刺激过强，造成儿童呕吐或眩晕、拒绝参加等后果。

（5）当儿童有不舒服的感觉时，应马上停止，协助儿童从筒内钻出来。

（6）儿童在饭后一小时内应避免对其进行该项训练。

图3-24　滚筒

第四章　智力障碍儿童感觉统合训练技术

　　智力障碍儿童智力显著低于一般同龄人水平，并伴有适应性行为障碍。此类障碍主要是因为神经系统结构失常、功能障碍，导致个体的活动和社会参与能力受到限制，需要环境为其提供全面的、广泛的、有限的和间歇的支持。智力障碍儿童指年龄在14岁及以下，并且智力明显低于普通同龄儿童水平，发展速度缓慢，并伴有显著性适应行为障碍的儿童。这类儿童的家长需要付出比常人更多的努力和得到社会更多的支持，了解此类儿童的基本情况才能做到对其进行正确又高效的康复训练。

第一节　智力障碍儿童的特点

一、智力障碍儿童的表现特点

（一）运动方面

　　运动包括大肌肉运动和小肌肉运动，它是人类个体的基本功能，它受大脑控制，脑功能的正常与否直接影响着个体运动能力的强弱。大肌肉运动主要指人的基本姿势、平衡协调运动技巧；小肌肉运动即手和手指的活动以及手眼协调等，主要指精细动作。智力障碍儿童具有明显的发育迟缓，视觉、触觉及运动觉的滞后使其在掌握运动技能方面存在一定的困难，导致其实际运动水平低。在大运动上表现为在身体控制、平衡、上肢协调、速度和灵巧度等方面比较差，而且每一个行为动作都开始得比较晚，直到成年时期许多动作仍表现较差。精细运动方面表现为肌肉张力异常、精细动作发展缓慢、双手协调能力差、手眼协调能力差、反应迟钝、手部本体觉较差等。

智力障碍程度越重，其动作发展与普通儿童的差异就越显著。轻度智力障碍儿童的运动表现与普通儿童的差异可能不太明显。尽管个别儿童可能表现出较好的动作技能，但其总体的运动能力仍偏低。

（二）认知方面

1. 感知觉方面

同等条件下，智力障碍儿童感知的信息量少、感知范围窄，只能感知客观事物的部分属性，而且不准确。如有形状的物体，他们只感知到其中一种特征。有些智力障碍儿童不能理解相对的长短、高矮和宽窄等，不能分清早中晚。在感知的速度方面表现比较慢，例如，在教智力障碍儿童认识小白兔时，成人说话快了，有些儿童可能只记住了长耳朵，还有些儿童可能什么也没记住。一般而言，智力障碍儿童的视觉感受性低，很难或不能辨别物体的形状、大小、颜色的微小差异，听觉反应迟钝，对语音识别较为困难，皮肤不敏感，触觉阈限高，常分辨不出光滑和粗糙，对冷热、疼痛的感觉不灵敏。严重情况下，智力障碍儿童的味觉和嗅觉也可能缺失。他们的机体协调能力较差，对饥、渴、躯体的不适感等的感受性低。他们的知觉范围狭窄，容量小，不够分化、联系少。他们在感知物体时，往往欠缺应有的好奇心，没有仔细观察和深入了解事物的强烈意愿。

2. 注意力方面

儿童的注意都是以无意注意为主。智力障碍儿童的表现更为明显：其注意以自己的兴趣为中心；注意的稳定性差，容易分散；注意范围狭窄，很难在短时间内注意多个对象，不能有效运用选择性注意。

3. 记忆力方面

智力障碍儿童的识记缓慢，记忆容量小，记忆的保持差，易遗忘，再现困难，记忆内容不完整。智力障碍儿童只能机械地记住个别词语、短句，不会按故事情节的发展进行有意义的记忆。他们的记忆编码加工过程不完善，欠缺记忆的主动加工过程，只会机械地重复，输入的信息无法在大脑中系统化，只能停留在短时记忆系统中，无法进入或形成长时记忆。他们记忆的目的性差，有意识记忆能力弱。对大多数的智力障碍儿童来说，运动记忆容易激起他们的情绪活动，记忆效果较好，形象记忆略差，逻辑记忆难度最大。

4．思维方面

智力障碍儿童的思维具有具体性、概括能力薄弱、思维目的性不明等表现，智力障碍儿童往往不能有的放矢地进行思维，他们在进行某项活动或解决某个问题的过程中，不能始终如一地坚持下去，很难进行连贯的思维。他们已形成的心理定势不易改变，在遇到新情况需要重新调整时，他们仍然用固定模式去解决问题。他们思维的独立性差，特别容易受暗示。

（三）情绪情感方面

情绪情感是在需要得到满足或得不到满足时在心理方面表现出的主观反应。智力障碍儿童的情绪情感表现为受机体需要的支配，高层次情感协调力差，情感不稳定，体验简单，情感幼稚，容易为外界环境所左右，表情外露，不会掩饰；情感表露的强度与外界刺激的强度不一致（一些很小的事情，他们可能会勃然大怒）；情感的控制能力差（当他们不高兴时，不管在什么场合，有什么人在场，都会大哭大闹），高级情感发展迟缓，发展水平低；情感具有病态性（情绪不稳定，情绪亢奋，情绪淡漠等）。

（四）个性方面

个性是在复杂的生活和社会环境中逐步形成的。智力障碍儿童由于智力发展缓慢，认识事物少，生活经验简单，又很少参加集体活动，个性的形成和发展存在一些问题，主要表现为独立性、主动性、自控力差，易于冲动，一方面很固执，另一方面易于受暗示，自我意识差，又不顾及他人，是非观念薄弱。

（五）语言方面

听觉系统、发音器官以及大脑神经中枢的发展与成熟是个体语言能力发展的重要生理基础。可以说，语言是脑发育成熟阶段的产品，受经验的影响极大。智力障碍儿童由于大脑功能发育受阻，加上社会、家庭等不良环境的影响，其语言能力的发展受到很大限制。调查结果表明，虽然智力障碍儿童的语言发展顺序、阶段特点等都与普通儿童基本一致，但绝大多数智力障碍儿童仍有不同程度的语言缺陷。智力障碍儿童在语言发展方面，无论是语言表达还是语言接收能力发展，都明显落后于普通儿童。在语言表达上，如词语的长短、词语的总数或发音表达较不理想；在语言接收上则难以理解谈话者的语言内容或沟通形式，不能适当对答。

（六）感知觉方面

一般来说，智力障碍儿童的感知觉特点与普通儿童既有相同点，也有不同点。相同点在于智力障碍儿童也遵循着和普通儿童一样的发展顺序，不同点在于感觉的量或质有区别。感受性低和范围狭窄是智力障碍儿童的典型特点。智力障碍儿童的绝对感受低于普通儿童，因此，同一强度的刺激可能引起普通儿童的感觉，却不一定能引起智力障碍儿童的感觉。智力障碍儿童的视觉、听觉、嗅觉、味觉、触觉都存在不同程度的障碍。

二、智力障碍儿童的类型

一般依据IQ将智力障碍分为轻度、中度、重度和极重度四级。对这类儿童，应该配合应用医学、社会、教育和职业训练等措施，按年龄大小和智力障碍的严重程度对患者进行训练，使其达到尽可能高的智力水平，以下内容可供参考（见表4-1）。

表4-1　智力障碍儿童分类外在表现以及训练预期情况概要

IQ范围	智力障碍级别	症状特征	训练可预期目标
50—70	轻度智力障碍	发育较迟缓，不活泼、死板、动作粗暴、语言能力弱、分析能力差、能背诵、不能活用、数学学习有困难、缺乏主见、依赖性强、易被影响和支配。	能在指导下适应社会，可以做一般性家务劳动和简单具体的工作，可获得实际技巧和实用的阅读能力。
35—49	中度智力障碍	发育迟缓，吐字不清，语言功能不全，只能进行简单具体的思维，缺乏抽象概念，对环境识别差，只能认识表面和片面的现象，阅读和计算没有进步的可能。	经过长期训练，可以进行简单的人际交流，养成基本的卫生习惯、安全习惯，学会简单的手工技巧。

续表

IQ范围	智力障碍级别	症状特征	训练可预期目标
20—34	重度智力障碍	各方面发育迟缓，表达能力极差，缺乏抽象概念，理解能力极差，动作笨拙，但有防卫能力，知道躲避明显的危险。	可以养成简单的生活和卫生习惯，生活需要照顾，在监督下可以做固定和简单的体力劳动。
低于20	极重度智力障碍	没有理解能力，基本无意识，存在运动功能障碍，手脚不灵活，终身无法行走或有癫痫和残疾。	对手脚进行技巧训练可以有反应。

第二节　智力障碍儿童感觉统合训练存在的问题及应对策略

　　智力障碍是因遗传、环境等不良因素导致的个体脑功能发育迟滞，其核心特征是认知障碍和社会适应行为障碍，也可能伴随有运动障碍、感觉障碍、情绪行为障碍等。受这些障碍影响，智力障碍儿童普遍存在感觉统合能力发展不足的问题，而且障碍程度越大，感觉统合问题就越严重。所以，对智力障碍儿童进行感觉统合的训练，是改善该类儿童障碍问题最常用的手段之一，它不仅可以有效地提高智力障碍儿童的感觉统合能力水平，还能对智力障碍儿童的运动能力、认知能力及心理健康状况产生积极的影响。

一、智力障碍儿童感觉统合训练中存在的问题

（一）前庭平衡觉功能训练中存在的问题

　　智力障碍儿童难以集中注意力，不考虑其他人的需要。有些智力障碍儿童还可能出现语言能力发育迟缓、语言表达困难等问题。他们平衡能力较差，容易摔倒，不能像其他普通儿童一样翻滚、游泳、骑车、跳绳等。智力障碍儿童在训练中可能会不配合训练师指令，出现哭闹、大叫、扔东西等行为。例如，在训练走平衡木时，儿童注意力易分散而导致摔倒，或出现肢体不协调、从平衡木上滑倒等状况。因此，智力障碍儿童进行感觉统合能力训练时，需要训练师及时给予其帮助。

（二）本体觉功能训练中存在的问题

本体觉功能缺失主要表现为缺乏自信心，缺乏方向感、距离感，手脚笨拙，精细动作困难。在抓握训练中儿童容易拿不住小球，发生小球掉落而儿童难以自己捡起的状况，需要训练师及时帮助捡起。在扭扭车训练中，儿童容易偏离方向和其他人发生冲撞，需要在感统训练室墙壁四周安置防护垫，地板上应无杂物、尖锐物品等，以避免儿童发生安全事故。训练师面对智力障碍程度较重的儿童一定要时刻注意其安全，按时维护场地设施，保障儿童安全进行训练。

（三）视觉、听觉功能训练中存在的问题

视觉、听觉功能缺失主要表现为长时间看动画、注意力不集中、对别人的话听而不闻、丢三落四。例如，在交替扔球训练中，儿童对训练师扔球的指导语充耳不闻，训练师应配合扔的动作指导、耐心讲解，运用儿童感兴趣的事物进行强化，例如，对儿童说："你扔过来球后，我们可以玩你喜欢的兔子玩偶。"以此吸引儿童注意力，引导儿童配合训练。在每项训练中须吸引儿童注意力，引导儿童用言语回应，训练儿童的视听能力。

二、智力障碍儿童感觉统合训练应对策略

智力障碍儿童的核心障碍及其伴随性障碍成为针对他们感觉统合训练的重要变量，直接影响训练方案设计、训练组织实施的各个方面。所以，针对智力障碍儿童的感觉统合训练在遵循干预技术的一般原理及采用基本操作技术的基础上，须体现该群体的特殊性。

（一）训练目标

智力障碍儿童感觉统合训练的主目标是促进该类儿童各种感觉能力的发展，提高感觉间以及感觉与动作间的协调性和统整能力，确保儿童较好地进行日常生活，并为提升其生存质量奠定基础。其辅目标是增强他们的认知、言语与感觉、动作间的统整力和协调性，提高其学习文化知识、掌握职业技能以及适应社会的能力。

智力障碍儿童感觉统合训练目标的制定要考虑受训个体的感知、动作

发展水平，也要考虑其认知、语言沟通能力以及体格发育水平。有的智力障碍儿童还可能伴随有心血管疾病、精神疾病以及情绪行为问题，在训练目标的制定中必须考虑这些因素。对于能力较强、障碍程度较轻或不严重的个体可制定连续目标，否则须制定离散目标或在不同训练阶段制定不同目标。

（二）训练内容

智力障碍儿童感觉统合训练的内容涉及感觉统合的各个领域，既有低位统合能力训练，也有高位统合能力训练。学龄前智力障碍儿童的感觉统合训练以低位统合能力训练为重心。触觉功能、平衡觉功能、本体觉功能及视听觉功能须在分领域训练的基础上，逐步增加各领域间的整合。学龄期智力障碍儿童的训练须在低位统合能力训练的基础上，不断增加感觉间以及感知觉与动作间的整合，动作与认知、言语的整合，根据儿童的障碍程度选择适合言语及认知内容的难度和密度，使大脑皮层的认知、言语以及行为执行调控区域获得丰富的、整体的且有意义的刺激，促进脑功能的进一步发展。智力障碍儿童的认知障碍及其他伴随障碍会不同程度地影响感觉统合训练的内容、进程。对于重度、极重度的智力障碍儿童而言，他们的感觉统合训练可能长期在低位统合能力训练上徘徊，认知、言语等内容的介入存在较大的困难，如果勉强介入这些内容可能会给低位统合训练制造不同程度的干扰，影响训练活动的实施。

智力障碍儿童普遍存在感觉统合能力发展不足的问题。在进行感统训练前，需要对智力障碍儿童进行全面测评，将儿童在不同发育阶段的生长发育指标与正常同龄儿童进行对照和比较，了解其智力水平和适应能力，做出临床判断，同时，配合适宜的智力测验方法，即可做出诊断并确定智力障碍的严重程度。

（三）训练组织实施

对智力障碍儿童进行感觉统合能力训练可综合生活自理能力训练、大运动训练、手部精细动作训练和语言能力训练（见表4-2）。对智力障碍儿童进行感觉统合能力训练时应选择操作难度低、心理压力小、安全性高的设备，然后逐步过渡到操作难度高、心理压力大的器材。器材的选择，还要综合考虑儿童的障碍程度、性质、特点以及发育水平等。

表4-2 智力障碍儿童感觉统合能力训练

生活自理能力训练	大运动训练	手部精细动作训练	语言能力训练
教会儿童自己吃饭、洗漱、大小便、穿衣服等。	教会儿童大运动,如跑步、跳绳、打球等。	教会儿童自己扣纽扣、画画、写字、拼图等。	从听说读写四个方面入手:对语言器官进行锻炼,提高嘴唇、舌头的灵活性并引导其模仿口型;训练听名字指图,或者指图说名字;认字,能读;听、说儿歌;听、讲故事。

(四)训练活动举例

1. 球池蹲跃戏水训练活动

训练活动名称:**球池蹲跃戏水**。

训练活动目标:增强儿童对空间的感知觉、视觉、触觉、肢体协调及肌肉收缩的能力。

训练活动工具准备:海洋球池。

训练活动工具摆放:将海洋球池放于平地上。

训练活动过程:

(1)睁眼蹲跃:儿童在睁眼状态下,完成下蹲后站立、下蹲后跃起、下蹲后跃起并转体;

(2)闭眼跃起:儿童在闭眼状态下完成跃起;

(3)蹲跃抓球:儿童跃起后直入球池并抓握指定颜色的球或双手分别抓握不同颜色的球。

图4-1 海洋球池

训练活动注意事项：

在安全环境下操作，避免儿童受到不必要的伤害，游戏完成情况应视儿童障碍程度而定。可让儿童适当休息。

2. 上下蹦床训练活动

训练活动名称：上下蹦床。

训练活动目标：改善儿童的本体觉，提高双下肢的协调性。

训练活动工具准备：蹦床。

训练活动工具摆放：将蹦床放于平地上。

训练活动过程：

（1）坐式上下床：儿童背靠器材坐于床面边缘，双上肢后撑、身体后仰，同时转体带动下肢离地登上蹦床，随后反方向操作下蹦床。

（2）爬式上下床：儿童面对蹦床，跪于床面边缘后爬上蹦床，或者跪撑在器械旁，同侧肢体先上蹦床再带动对侧肢体移动爬上蹦床，也可以背对床体，双手撑地，下肢先登上蹦床。随后反方向操作下蹦床。

（3）前滚翻上床：儿童面对蹦床，跪于床边缘后双手撑床边，头抵床面，下肢发力带动身体前滚翻上床。

（4）走式上下床：儿童正走、倒走、侧走上下床。

（5）跃式上下床：儿童距器材适当距离并面对蹦床站立，屈膝随即下肢发力跳跃上下蹦床。

训练活动注意事项：

该训练要依据儿童障碍程度或现有动作技能，训练其掌握多种上下蹦床的方式，提高肢体间动作协调能力。训练师要为儿童提供近身保护或做好扶持儿童的准备，以此消除儿童心理上的紧张情绪，防止从蹦床上摔落。另外，前滚翻下床并不适合智力障碍儿童，所以这里不进行介绍。

4-2 蹦床

3. 花样走训练活动

训练活动名称：花样走。

训练活动目标：提高儿童的动作技能水平及本体觉能力。

训练活动工具准备：S形平衡木。

训练活动工具摆放：将选取的S形平衡木放置于平地上。

训练活动过程：

（1）学习多种走法：训练人员示范正走、侧走、倒走、交叉走等走法，然后让儿童学习不同走法并理解不同走法的含义。

（2）依预设指令走：训练人员提前告知并示范儿童需要采取的走法，如"15步快速侧走"等，然后儿童依照训练人员的预设指令完成相应操作。预设指令要视儿童的表现加以调整。

（3）冥想操作完成情景：对于认知能力较好的儿童，在完成训练后可以让其闭目冥想训练的过程。

训练活动注意事项：

预防儿童在训练过程中摔倒造成伤害，训练师与辅助人员应随时注意儿童的一举一动。

图4-3　S型平衡木

第三节 智力障碍儿童感觉统合训练教学活动设计举例

一、智力障碍儿童感觉统合能力训练案例

案例主题	触觉训练		
案列时间	2022年9月	案例地点	感统教室
案例对象	童童（化名），女，11岁，中度智力障碍，注意力不集中，认知方面学习主动性差，对教师提问会有反应，但回答问题很含糊，口齿不清晰，表达能力较差但理解能力尚好，生活自理能力较弱，如不会系鞋带，在运动方面大运动较好，在学校上体育课时不能模仿教师的某些动作，下蹲时会因无法控制身体而坐下，对位置关系的感知模糊。		
案例背景	该儿童家庭条件尚可，现与父母、姐姐生活，父亲的文化程度为高中，母亲文化程度为大学，姐姐正在读高中，父母婚姻状况良好，其父亲经商，其母亲为医生，经济收入不错，父母家族及成员均无精神病史，该儿童因小时候在乡下老家发高烧生病导致智力障碍。		
教材分析	本节课的训练内容是根据《特殊儿童的感觉统合训练》（第二版）第六章第三节本体觉功能训练来制定的。本体觉训练对发展儿童的运动能力、提高动作的精细程度及不同肢体动作间的协调性有直接作用，它与前庭觉、视觉等感觉系统共同调控躯体平衡，并对儿童脑功能的发育、日常活动、学习活动以及成年后工作产生广泛影响。		
训练过程	**热身活动：跑步** 采用身体音阶歌作为训练的素材，例如 摸摸你的小脚 do do do do 摸摸你的膝盖 re re re re 拍拍你的双腿 mi mi mi mi 叉叉你的小腰 fa fa fa fa 拍拍你的双手 sol sol sol sol 拍拍你的肩膀 la la la la 摸摸你的脑袋 si si si si 高举你的双手 do do do do do re mi fa sol la si do 训练项目 （一）花样走平衡木训练。即通过多形式走平衡木，训练儿童的本体觉与前庭觉、视觉等感觉系统共同调控躯体平衡。 （二）踏车独行训练。即通过一定的体姿要求，训练儿童的本体觉发育。		
训练后评价	儿童对训练所需的器材有所了解，儿童的训练效果较为理想，但因未设置放松活动，儿童容易疲惫。		
训练后反思	训练师的训练课程对儿童本体觉提高有一定效果，但是训练师在训练过程中比较死板且训练持续时间长，中间未设置放松活动，应多运用游戏环节，训练强度根据儿童情况随时调整。		

二、智力障碍儿童感觉统合能力训练方案

训练对象	智力障碍儿童
个案情况	童童（化名），女，11岁，中度智力障碍，注意力不集中，认知方面学习主动性差，对教师提问会有反应，但回答问题很含糊，口齿不清晰，表达能力较差但理解能力尚好，生活自理能力较弱，如不会系鞋带，在运动方面大运动较好，在学校上体育课时不能模仿教师的某些动作，下蹲时会因无法控制身体而坐下，对位置关系的感知模糊。该儿童家庭条件尚可，现与父母、姐姐生活，父亲的文化程度为高中，母亲文化程度为大学，姐姐正在读高中，父母婚姻状况良好，其父亲经商，其母亲为医生，经济收入不错，父母家族及成员均无精神病史，该儿童因小时候在乡下老家发高烧生病导致智力障碍。
评估工具选择	儿童感觉统合能力发展评定量表。
强化物选择	儿童动物拼图游戏。
训练目标	长期目标：提升本体觉发育，增强下肢肌肉力量。
	短期目标：通过训练儿童能够理解身体空间位置的相对性。
	具体目标：能够听指令并独立完成花样走平衡木、踏车独行。
训练器材	平衡木、脚踏车。
训练过程	一、训练准备 1. 训练师将儿童带到感统训练室，并与儿童进行互动，如："童童，上课时间到了，我们该上课了，童童，早上好。"随后训练师引导儿童说出："老师，早上好。" 2. 跑步热身，训练师引导儿童进行5圈的慢跑。身体音阶歌：训练师播放音乐，并提醒儿童准备好，训练师带领儿童一起活动。例如，训练师可以一边示范动作、一边辅助儿童或带着儿童按照下列的音阶歌做相应的动作。 摸摸你的小脚 do do do do 摸摸你的膝盖 re re re re 拍拍你的双腿 mi mi mi mi 叉叉你的小腰 fa fa fa fa 拍拍你的双手 sol sol sol sol 拍拍你的肩膀 la la la la 摸摸你的脑袋 si si si si 高举你的双手 do do do do do re mi fa sol la si do

训练过程	训练项目一：花样走平衡木 1.训练步骤 训练步骤一：水平摆放平衡木，训练师先讲解示范多种走法（正走、侧走、倒走等）。 训练步骤二：引导儿童走上平衡木，让儿童尝试走平衡木，如儿童能力达不到，训练师要给予辅助，待训练师撤掉辅助儿童能独立完成行走。 训练步骤三：儿童根据训练师指令完成相应的操作，如"8步正走""5步侧走""10步倒走"，指令容量视儿童的实时表现加以调整。 训练步骤四：儿童根据训练师指令内容及时长完成不同节律行走，指令如"正走……正走正走正走"，儿童先慢后快完成正走。 训练步骤五：训练师先在感统室制作大小不同的多种几何图形，如直线、曲线、四边形、圆形等。儿童间歇性闭眼依训练师引导沿图形边缘完成序列性图形行走。 2.训练注意事项 （1）周围无尖锐异物或障碍物。 （2）训练师随时关注儿童，儿童走平衡木的时候两侧要做好防护措施，注意脚下打滑，以免跌落，还要在旁边多鼓励儿童。 （3）上下平衡木时，注意平衡木边角，防止刮伤。 （4）在训练之前了解儿童的身体运动情况，遵循循序渐进的训练原则，还要注意消除儿童恐惧心理。
	训练项目二：踏车独行 1.训练步骤 训练步骤一：训练师放置好脚踏车，并讲解示范脚踏车的训练方式。 训练步骤二：训练师在训练开始前引导儿童以一定的体姿，手握扶手，再告知儿童双脚交替用力蹬踏带动脚踏车直线行走。 训练步骤三：儿童熟悉脚踏车直线行走后增加一定难度，让儿童改变体姿（直立位、躯屈半蹲）或后退或闭眼进行训练。 2.训练注意事项 （1）地面平坦无异物，防止儿童蹬速过快而跌落摔伤。 （2）儿童训练时身体不宜过分倾斜，以防侧翻。 （3）训练师将儿童双脚固定于脚踏板中央，以防前进中夹挤脚面。 （4）在儿童气馁不想完成任务时，及时鼓励儿童。
训练后提升	父母可带儿童到户外进行骑车训练。
训练后反馈	1.本节课的训练内容与生活息息相关，儿童也比较感兴趣，轻松活跃的课堂气氛使儿童对本节课的训练内容掌握程度高达百分之七十。 2.在训练时选取音乐律动操，能够吸引儿童的兴趣，提高了儿童参与训练活动的积极性。 3.训练师的训练课程对儿童本体觉提高有一定效果，但是训练师在训练过程中比较教条，应多运用游戏环节，训练强度根据儿童情况随时调整。

第五章　孤独症儿童感觉统合训练技术

孤独症谱系障碍，即广泛性发育障碍，是一组以交流、语言障碍和行为异常为特征的广泛发育障碍性疾病。它最核心的症状是社交障碍，社交障碍是其区别于其他发育疾病的主要症状。本书提到的孤独症是根据典型孤独症的核心症状进行扩展定义的，广泛意义上既包括了典型孤独症，也包括了不典型孤独症，还包括了阿斯伯格孤独症、Rett综合孤独症、肯纳综合征等。

第一节　孤独症儿童的特点

一、孤独症儿童的特点

儿童孤独症也叫自闭症，是广泛性发育障碍疾病中最严重的类型。孤独症儿童典型临床特征包括社会交往障碍、交流障碍、认知障碍以及兴趣狭窄和刻板重复行为，具体内容如下：

（一）社会交往障碍

孤独症儿童在眼对眼凝视、识别面部表情和肢体语言等非言语行为的使用方面有显著障碍；独来独往、无视他人存在，不愿也不会与他人交流，不能建立同伴关系。极少自发与他人分享情绪情感体验，缺乏情感互动，难以明确表达自己的感情和需要。在陌生场合，他们易出现焦虑、哭闹等情绪反应，常常说出或做出一些与社交场合不符的事情。在感觉统合训练中，训练人员应注重与该类儿童目光对视，增加互动游戏、情感交流等项目的训练，以提高他们的社会交往能力。

孤独症儿童往往独自一个人玩耍，在幼儿园更加明显，不参加集体活动、不听老师指令，显得很特别。他们普遍存在社交障碍，常见的表现为呼唤无应答、跟爸妈没有眼神交流，与同龄的儿童相比没有应该有的伙伴关系、自发寻求乐趣和玩具，也不能分享乐趣和体会他人感情等。

（二）语言交流障碍

孤独症儿童语言发展一般较正常儿童延缓，表现出音量过高或过低、语调异常、自言自语、答非所问、刻板和重复言语等情况。部分孤独症儿童语言能力完全缺失，也不会通过手势或模仿等进行沟通补偿。所以，在感觉统合训练中，须实时渗透语言训练内容、矫正其不良的语言表达方式。这些儿童说话比较晚，在两三岁时和同龄儿童比起来言语简单，甚至不说话。有的儿童表现为曾经会说一句话、两句话，但是慢慢变得倒退反而不会说了，缺乏目光交流，一些非语言交流也会出现明显障碍，对人爱搭不理。语言发育迟缓，这体现在口语发育延迟或者缺失，没有足够的能力表达，或者有能力表达但是不能与人交流，总是独自重复一些不清晰的话语或者喃喃自语。

（三）认知障碍

1. 感觉方面

（1）视觉

在人际交往中，对他人面部表情的识别、与他人眼神的接触，是一种非常重要的社交技能。一项对孤独症儿童面孔识别的研究发现，孤独症儿童注视他人面孔与正常儿童注视的时间与区域完全不同。孤独症儿童对面部非核心区域的注意分配时间远远高于核心区域（眼睛、鼻子和嘴巴），且多集中在面部的下半部分。这也就能解释，为什么孤独症儿童在与他人社会互动时，最显著的特征就是缺乏对视和眼神的接触，即便有，也只是短暂的眼神停留，大部分情况下他们的眼神和目光都处于游离状态。

（2）听觉

听觉反应的异常使得孤独症儿童对外界的声音刺激尤为敏感，比如汽车的鸣笛声、雨声、工厂施工的声音等，在一般人看来，这些生活中常听到的声音并非异常，但对孤独症儿童来说，这些声音却令人难以承受，令他们感到害怕，致使他们表现出过激的反应保护自己。而当家长呼喊他们的名字，训练师和工作者发出指令时，他们却充耳不闻，毫无反应，因此有学者把这种带有选择性的声音反应叫作"听觉过滤"。

儿童的语言习得是感知、理解语音和符号的过程，他们通过接收讲话者的声波来模仿发音。孤独症儿童由于无法剔除外界声音信息中的无关信息，不能对重要信息进行有效加工，致使他们辨别不了声音中的细节，阻碍了其与外界的沟通，严重影响了患儿的社会交往。

（3）嗅觉和味觉

孤独症儿童偏好特定的食物和气味，所以诸多孤独症儿童有严重的挑食和偏食问题，进食成为孤独症儿童常见的难题。大部分孤独症儿童偏爱某几种食物或只喜欢吃特定质地和味道的食物，比如柠檬。他们对食物的味道非常敏感，若是在常吃的食物中添加其他食物，会让他们产生烦躁不安的情绪。嗅觉上，他们甚至能在相对较远的地方闻到一些常人完全闻不到的味道。这些情况在孤独症儿童身上一般持续出现。

（4）其他

1. 除去上述四大感官的障碍外，孤独症儿童在触觉、平衡觉、本体觉等方面均可能存在异常。有研究表明，孤独症儿童综合感知觉失调的发生率高达95%，且程度均比较重。

2. 记忆力方面

记忆在儿童的认知发展过程中起着非常重要的作用，对孤独症儿童来说也是如此。有关孤独症儿童的认知研究认为，孤独症儿童的记忆既有存在缺陷的一面，也有惊人的一面。他们有的能够用十几分钟记住整座城市的全貌，并在几天之内完整地描绘出来，具有"照相机式的记忆"，也有的无法将片段式的记忆拼凑成一幅完整的画面。

与机械记忆相比，孤独症儿童在工作记忆上的表现相对较差。经研究发现，工作记忆检测的评分与社会责任量表的得分相关，说明孤独症儿童工作记忆的异常可能与其社会适应性有关联，这导致他们在社会交往互动中，不能从整体层面分析和理解他人和自己的行为。

3. 注意力方面

孤独症儿童在注意力的表现上与注意力缺陷多动障碍儿童非常相像，他们在日常生活中难以维持注意力，但在某些方面却有注意力缺陷多动障碍儿童都没有的特长。首先，孤独症儿童的注意范围具有局限性，他们只注意自己感兴趣的事物，对周围的环境和人之间的整体信息并不在意。他们注意的点总是集中在他人不太关注的事物上，比如在与他说话时，他会突然斜着眼睛盯着道路上停放的汽车，或者一直注意着天花板上的吊灯。除了沉迷于自己感兴趣的活动外，他们对外界的任何信息均置之不理，可以说注意力转移困难。这种对特定物体高强度的注意使得他们对信息的整合理解过于狭隘，从而阻碍了其与外界的沟通交流。其次，孤独症儿童的注意广度非常狭小，只注意细节是他们典型的特点。再次，孤独症儿童具有共同注意的缺陷。他们几乎没有共同注意力，因为他们痴迷于自己感兴趣的事物，很难转移注意力，也对其他事物缺少应有的注意。共同注意的缺失不仅严重阻碍了孤独症儿童正常获取周边信息能力的发展，而且还影响了这些儿童对情绪及社会关系等方面的理解。

孤独症儿童表现出来的注意力不集中，并不是他们不愿意集中，而是由于感知觉异常和脑部功能性缺陷所致。所以，与其说他们注意力不集中，不如说他们无法有效地将自己的注意力应用在需要关注的事物上，或者说他们的注意力只集中在特定细节上。

（四）兴趣狭窄、重复刻板行为

孤独症儿童表现出一种或多种重复刻板行为，持久专注于物体的细节，坚守一成不变的日常生活规律和环境布置，如重复看一个电视节目、相同的穿衣顺序、不变的房间布置，一旦受到阻挠，他们会出现大哭大闹、不安等情绪反应。有些孤独症儿童伴有自伤行为，如撞墙、自己抓自己、自己咬自己等。有些孤独症儿童有明显的攻击行为，如打人、咬人、抓人等。所以，在感觉统合训练中，应全面评估孤独症儿童的行为，探寻其情绪发泄的合理替代方式，提前制定围绕儿童自伤和攻击行为的有效应对方案。这些儿童可以长时间地沉溺于一个物品，比如会沉溺于自己的旧被子，走到哪里都要带着这个被子，不带就会哭闹。另外还有一些非常刻板的动作行为，比如重复走一条路线、反复开门关门、没有疼痛感觉、对一些声音光线过于敏感、四肢协调性非常差。这些落后于其他儿童，或者已经发展出来的语言、社交能力的退化，都提示儿童存在孤独症的可能性，因此要尽早确定诊断，尽早进行综合干预。

二、孤独症的类型

（一）凯纳孤独症

主要表现为重复言语行为、总是通过余光呆滞地看事物、行为较为刻板僵硬、身体较为笨拙，对疼痛、接触等行为反应异常，也会出现大哭大闹等不恰当的情绪反应，喜欢独来独往不愿交际。

（二）阿斯伯格孤独症

阿斯伯格孤独症患者通常会以自我为中心，缺乏社会公共常识，缺乏与他人沟通的能力，自身的兴趣行为也会与常人不同，比如不能灵活思考，有时会酷爱收藏，喜欢统计大数据，不过也有很多优于常人的能力，比如记忆能力、口语能力，思维也会较为新颖。

（三）高功能孤独症

这类情况的表现都会比较极端，如果抗拒某些事情会以果断拒绝或丢东西等行为来表现，与第一类孤独症情况不同，高功能孤独症儿童通常都会把这种表现行为用在不恰当的场合，时常会给自己一种假想的身份，混淆现实，自己也会表演生气。他们对自己所造成的后果无认知，且这类儿童会较为明显表现出行动迟缓。

（四）Rett综合孤独症

这类情况通常会出现在孩子身上，一共分为不同阶段四期表现：第一期会持续数月，通常会表现为发育停滞，头部生长迟缓，对周围事物不感兴趣，肌张力下降等。第二期会从1—3岁开始，持续数周到数月不等。患儿会出现刻板动作、孤独行为、失眠、发育倒退等情况。第三期会从2—10岁开始，持续时间较长，数月到数年不等，严重的情况下患儿智力会倒退下降、肢体僵硬、食欲不好、体重下降等。第四期会在10岁以上开始，持续时间是最长的，达数年之久，表现则综合以上几种情况。

（五）肯纳综合征

肯纳综合征是较为经典的一种孤独症，这种患儿通常与别人没有目光接触，对噪音、触觉、光以及气味很敏感或有强烈的偏好，通常只会关注自己的世界，与外界不想有任何接触。

第二节　孤独症儿童感觉统合训练的问题及应对策略

感觉统合训练是由美国职业训练师艾尔丝博士创立的，当时主要针对一些注意力不集中、动作笨拙及写说有困难的儿童。而现在临床上也逐步运用在情绪行为有困扰的儿童及孤独症儿童。

一、孤独症儿童感觉统合训练存在的问题

（一）触觉功能训练存在的问题

部分孤独症儿童主要表现为不喜欢被人抱，有时甚至拒绝他人的触摸；不喜欢人多的地方；拒绝理发、洗发、洗脸；不喜欢穿鞋，喜欢赤脚；不喜欢或特别喜欢特定面料的衣服；喜欢吸手指，触摸生殖器；偏食、逃避咀嚼；对某种感觉特喜欢，如玩沙，刮东西；拒绝使用某种质地的用材，如胶泥、糨糊等；痛觉迟钝，以致意外碰伤流血而不易察觉；反应慢，动作不灵活，发音或小肌肉运动都显得笨拙不佳。因此，在感觉统合的训练中，儿童容易不配合训练师活动。在大龙球滚动训练、刷子刷身训练、海洋球池训练中，儿童容易出现哭闹等不配合行为。这时需要训练师耐心根据儿童的接受程度来调整训练器具。

（二）前庭觉功能训练存在的问题

部分孤独症儿童主要表现为喜欢自转，而且转很久不觉得头晕；喜欢看、玩转动的东西；喜欢爬高；平衡差，走路东倒西歪，经常碰撞东西；不喜欢倒立；注视、追视能力弱，数数时常要用手指指着数；颈部挺直时

间较同龄儿童短，常垂头。在感觉统合训练中孤独症儿童会偏好大陀螺、滑板车等器具，有时可能会一直玩大陀螺，无法进行其他训练项目，需要训练师给予耐心引导。

（三）本体觉功能训练存在的问题

部分孤独症儿童主要表现为喜欢手脚用力挥动或用力做某些动作；动作模仿不到位时，常望着手脚不知所措；在俯卧地板的训练时全身较软，头、颈、脑提起特别困难；独脚凳训练时坐姿不够稳定，坐时会东倒西歪；力度控制较差，常会因太用力而损坏玩具或因力度太小抓不住东西；速度控制较差，跑起来难以按指示停止。对蹦跳的要求高，喜欢摔跌自己的身体，喜踮脚走；自伤，咬玩具。

（四）听觉功能训练存在的问题

部分孤独症儿童主要表现为掩耳朵或按压耳朵；对尖锐或拉高的声音一点也不讨厌，甚至喜欢，因此在训练中会突然尖叫；在教室里对外界的声音很敏感，在训练中注意力容易被其他声音吸引；常会因听到某种声音而发呆；对某些特定的音乐固执地喜爱，也会害怕听某些声音；对巨响反应较差，甚至无反应。

（五）视觉功能训练存在的问题

部分孤独症儿童主要表现为即使常看到的东西也会让他害怕；对特定的颜色、形状、文字特别感兴趣甚至固执，例如广告纸、报纸；喜欢将物件排队，在训练中不按指令进行物品排列；喜欢躲在较阴暗的角落，因此对训练场地较为挑剔；喜欢看色彩鲜艳、画面变换较快的广告；喜欢坐车，对窗外景色变化非常着迷。

二、孤独症儿童感觉统合训练具体实施

（一）训练目标

孤独症儿童感觉统合训练的主目标是改善儿童触觉、温度觉和痛觉过度敏感或迟钝的异常状况，提高其前庭觉敏感性和本体觉能力，发展感觉与动作的统整能力，提升运动发展能力，为改善儿童异常行为及其他障碍

奠定基础。辅目标是通过各项训练，提高儿童对周围事物的关注度，改善其对身体概念和空间概念的认知，促进其社会交往能力的发展。

孤独症儿童训练初期目标设定以离散目标为主，随着儿童逐渐适应训练的各环节，可以根据儿童情绪状况和运动水平制定适当的连续目标，以增强训练强度，提高训练成效。

（二）训练内容

孤独症儿童的多感觉通道的异常决定了针对该类儿童的感觉统合训练，首先应进行感觉分领域的训练，丰富视觉、听觉、触觉、嗅觉、味觉、前庭觉、本体觉各领域信息，有效刺激中枢感觉区。感觉分领域训练一定周期后，可根据儿童情绪状态和运动能力设计难度较大的感觉统合综合训练项目，一方面促进感觉间的统整能力，另一方面激发儿童寻求帮助的意识，促使儿童关注周围人和物。伴有攻击或自伤行为的孤独症儿童，训练项目设定尚需考虑减少异常行为的训练内容。轻度孤独症儿童根据其运动发展水平和感觉统整能力，可缩短感觉分领域训练时间，增加综合训练项目，加强其感觉间统合水平，训练中后期还可增加言语和认知等内容，进行高位统合训练。中重度的孤独症儿童坚持长时间的感觉分领域训练后，可适时尝试进行感觉统合综合训练项目。受社会交往能力和语言障碍的影响，孤独症儿童的高位统合训练有较大的难度，训练的组织实施尚需进一步探索。

（三）训练的组织实施

训练的组织实施是实现训练方案和提高儿童各感觉及感觉统合能力的核心环节，孤独症儿童的感觉统合训练组织实施在训练活动的准备、训练组织形式、训练方式等方面只有时时根据儿童特点调整，才能组织合理、有效的训练。

1. 滑板爬

活动名称：滑板爬。

活动目标：促进双侧统合，强化本体—前庭感觉统合。主要的感觉输入：前庭、本体、触觉、视觉。

活动内容：儿童俯卧在滑板上，以腹部为中心，身体紧靠滑板，头抬高，双腿并拢伸直，脚面绷紧，双手同时撑地向前滑行。

注意事项：注意动作协调，保持周围没有障碍物，避免擦伤和磕碰。

5-1　滑板

2. 平衡台

活动名称：平衡台。

活动目标：儿童通过练习统合平衡反应的反射感觉，帮助儿童建立前庭固有平衡，发展儿童下肢力量，让儿童学习通过屈伸膝关节取得平衡的方法。主要的感觉输入：前庭觉、本体觉、触觉、视觉。

活动内容：儿童两脚左右分开踏在平衡台两端站立，做左右摇晃状并保持平衡。

注意事项：注意运动安全，不要摔倒或者滑倒。时间不要太长，以免引起不良反应。

5-2　平衡台

3. 趴地推球

活动名称：趴地推球。

活动目标：加强颈部肌肉的锻炼以及身体协调能力；集中儿童注意力以及培养儿童坚持不懈的良好品质。主要的感觉输入：本体觉、触觉、视觉。

活动内容：儿童趴在地上，球摆放在面前，离墙壁约30—50厘米，双脚并拢，手臂抬起，肘关节不撑地，双手对墙连续推球。

注意事项：注意训练要循序渐进，避免过度疲劳。同时，注意保持身体协调，避免碰撞或者拉伤。

第三节　孤独症儿童感觉统合训练的活动设计举例

一、孤独症儿童感觉统合能力训练案例

案例主题	触觉训练		
案例时间	2022年9月23日	案例地点	感觉统合实训室
案例对象	叶叶（化名），今年5岁，诊断为中度孤独症，经主观观察，该儿童有一定的理解能力，能与训练师进行简单沟通，伴随情绪行为，当做任务时情绪爆发，注意力分散，社会交往能力弱，不适合集体教学，触觉敏感性较低，会主动寻找感觉刺激，对痛觉和温度觉敏感性低，不能觉察脸或手的脏，过分依恋某种材质物品的肤觉刺激。		
案例背景	该儿童为独生子女，家庭条件比较优越，其父亲文化程度为大学，母亲文化程度为初中，父亲工作较忙，但父母非常重视教育，母亲配合机构在家对他进行训练辅导，父母常带他旅游。		
教材分析	本训练内容是根据《特殊儿童的感觉统合训练》（第二版）第六章第一节触觉功能训练及《孤独症儿童教育康复的原理与方法》第三章第三节孤独症儿童感知觉能力的训练制定的。触觉的训练是为了改善其触觉迟钝，训练中的刺激强度需由强到弱，逐步提高体肤的敏感性，借助触觉训练项目发展儿童与训练师的依赖关系，促进其社会交往能力发展。		

续表

训练过程	热身活动：拍打按摩 通过课前的拍打按摩让儿童放松。放松按摩时要求儿童尽可能舒展肌肉、心情放松，闭眼体验拍打按摩的感觉。 训练环节 项目一：大龙球滚压。训练师将大龙球放置在儿童躯体上做动态的滚动和静态的挤压，有效刺激儿童的触觉系统。 项目二：小球搓滚，训练师持球搓滚、点触、挤压儿童上肢、下肢等部位，刺激触觉感受器及其神经末梢，起到舒松紧张的肌肉和心理状态的作用。 项目三：走、爬平衡触觉板，训练师引导儿童在平衡触觉板上进行走、爬训练，刺激儿童脚部、手部及全身触压觉神经末梢，改善触觉。
训练后评价	儿童在进行了相关训练的热身活动即放松肌肉，同时也对训练项目有相应的了解，儿童更容易接受新项目；训练后儿童虽未全面恢复触觉功能，但四肢的触觉感受灵敏度有一定的提高。
训练后反思	训练师的训练课程对儿童触觉敏感性的提高有一定效果，但是项目的器材过于单一，训练师需要开发多样化的训练方法并根据儿童情况随时调整。

二、孤独症儿童感觉统合能力训练方案

训练对象	孤独症儿童
个案情况	叶叶（化名），今年5岁，诊断为中度孤独症，经主观观察，该儿童有一定的理解能力，能与训练师进行简单沟通，伴随情绪行为，当做任务时情绪爆发，注意力分散，社会交往能力弱，不适合集体教学，触觉敏感性较低，会主动寻找感觉刺激，对痛觉和温度觉敏感性低，不能觉察脸或手的脏，过分依恋某种材质物品的肤觉刺激。叶叶为独生子女，家庭条件比较优越，其父亲文化程度为大学，母亲文化程度为初中，父亲工作较忙，但父母非常重视教育，母亲配合机构在家对他进行训练辅导，父母常带他旅游。
评估工具选择	儿童感觉统合能力发展评定量表。
强化物选择	QQ糖。
训练目标	长期目标：改善其触觉过度迟缓现状。 短期目标：通过对其触觉感受的刺激，达到对刺激物粗糙的物理属性有相应的反应效果。 具体目标：能听指令独立完成小球搓滚和平衡触觉板的训练。
训练器材	大龙球、平衡触觉板、小刺球、海洋球。

训练动作要领		
训练环节		**注意事项**
训练准备活动	1．训练师将儿童带到感统训练室，并与儿童进行互动，如："叶叶，上课时间到了，我们该上课了。叶叶，早上好。"随后训练师引导儿童说出："老师，早上好。" 2．播放音乐，训练师引导儿童坐好，拍打按摩儿童四肢、腰部、背部、臀部等部位，使其放松。	（1）与家长了解儿童今日状态（情绪）。 （2）训练师以饱满的激情迎接儿童。
训练项目一	大龙球滚压 第一步：训练师先准备一张垫子（如感统室铺有榻榻米则无须准备）、一个大龙球，训练师引导儿童俯卧和仰卧在垫子上。 第二步：训练师将大龙球放置在儿童躯体上，由轻到重做前后、左右的滚动按压，速度由慢到快，每次训练时间5—10分钟。	（1）训练师注意按压的力度，施力大小及方式要依据儿童的实时反馈来调整，按压时间不宜过长。 （2）在训练过程中随时关注儿童身体状况及情绪，如儿童有不适立即停止训练。 （3）及时清理球面黏附的微尘及儿童口水。
训练项目二	小球搓滚 第一步：引导儿童与训练师面对面坐好，训练师先讲解示范，将小球放置在上肢、下肢来回搓滚、点触。 第二步：让儿童尝试模仿训练师搓小球，如儿童能力达不到，则训练师给予辅助。 第三步：训练师一手持小球一手稳住儿童手臂，将小球放置在儿童手臂上进行来回的搓滚、点触。 第四步：训练师手持小球，将小球放置在儿童腿上进行来回搓滚、点触。	（1）在训练前后对小球进行消毒。 （2）在训练过程中，训练师要注意搓滚、点触的力度。 （3）训练时，训练师须注意自己的语言，避免指令模糊和鼓励语言的单调。
训练项目三	走爬平衡触觉板 第一步：训练师先将平衡触觉板放置好，引导儿童以爬行的姿势将手放在平衡触觉板上，再跪在平衡触觉板上。 第二步：以膝盖为支撑点，手和膝盖交替向前爬，爬至平衡板的另一端。 第三步：在平衡触觉板的一端放置3颗海洋球，引导儿童从平衡触觉板的一端走到另一端取一颗海洋球再走回原点放下海洋球，直至取完全部海洋球。	在爬行过程中，让儿童目光注视前方。 训练师随时关注儿童，行走时身体失衡后要向后侧倒地，以免撞击膝部或头部。 训练前要将鞋子脱下，穿薄袜，清洗手，以防因接触汗液而打滑或污染训练器材。 儿童完成任务后，训练师及时强化并鼓励儿童。

续表

训练后提升	告知家长今日训练内容，回家后用带突起的小刺球在儿童身上进行滚动、点触、按压，主要刺激儿童的四肢。
训练后反馈	1．儿童通过训练后能够听指令，独立完成小球搓滚和平衡触觉板的训练，完成度达到80%。 2．在训练平衡触觉板时既结合其他器材，又创新游戏环节，使儿童的兴趣极大地增加。 3．训练师的训练课程对儿童触觉敏感性提高有一定效果，但是项目的器材过于单一，训练师需要开发多样化的训练方法并根据儿童情况随时调整。

第六章　注意力缺陷与多动障碍儿童
的感觉统合训练技术

注意力缺陷与多动障碍儿童绝大多数存在感觉统合功能不良，主要表现为注意力集中时间短、粗心大意等。感觉统合能力的训练要求儿童注意力非常集中地完成协调性的动作，如前庭平衡功能训练、本体觉训练、触觉训练、学习能力训练等。感觉统合训练是向负责身体平衡、方向和速度的内前庭系统输入不同的感觉，使儿童能够统合这些感觉，促进神经功能的发展，并且同时做出适应性的反应，感觉统合训练对注意力缺陷与多动障碍的治疗有一定的效果。

第一节　注意力缺陷与多动障碍儿童的特点

注意力缺陷与多动障碍（ADHD）俗称多动症，是一种神经发育障碍，其特征是注意力缺陷、多动、冲动。注意力缺陷与多动障碍儿童一般有注意力不集中、过度活动、冲动等特点。发病后儿童活动过多，如小动作多、做出不符合年龄的孩子气行为、经常跑来跑去、不能坐着不动、在座位上来回扭动、擅自离开教室、说话冲动、制造麻烦、上课不听讲、容易受到外部环境的干扰。注意力不集中加上学业负担重，这些儿童的学习成绩并不令人满意，集中注意力和组织能力不足以达到学习的要求。除学习成绩受到影响外，他们的社会功能和情绪健康也会受到影响，甚至影响他们的家庭生活。

一、注意力缺陷与多动障碍的类型

（一）注意力缺陷型

该类型以注意障碍不伴多动为主，主要表现为懒散、困惑、迷惘、动力不足，伴有较多焦虑、抑郁、学习问题，而较少伴有品行问题，该类型更适用于对女孩、青少年的诊断，特征如下：

1. 无法集中注意力
2. 粗心犯错
3. 不专心听讲
4. 丢失东西
5. 分心、健忘
6. 无法完成任务
7. 无组织

（二）多动冲动型

该类型常见于学龄前和小学低年级儿童，以活动过度为主要表现，一般无学业问题，合并品行障碍和对立违抗性障碍较多，临床上这一类型较少，特征如下：

1. 坐立不安、扭动、难以坐在位子上
2. 在不适合的环境跑动或动作多
3. 话多
4. 无法安静地做游戏
5. 打断别人说话

（三）混合型

该类型为前两者的结合。这一类型对活动水平、注意力、学业及认知功能的损害最严重，代表了最常见的注意力缺陷与多动障碍，合并对立违抗障碍（ODD）、品行障碍（CD）、焦虑抑郁障碍水平均高，社会功能损害严重。

二、注意力缺陷与多动障碍儿童的特点

（一）注意力缺陷

注意力缺陷是该类儿童核心特征之一，他们注意的集中性、持久性、转移、分配及容量存在缺陷。在学习、日常生活及康复训练中，他们往往表现为视而不见、听而不闻、不服从指令、不守规矩、健忘、做白日梦、做事有始无终等。在阅读漫画书、看电视、电脑网络游戏等低认知负荷活动中，注意力缺陷与多动障碍（ADHD）儿童的注意力与普通儿童没有差异，但在认知负荷较高的活动，如做作业、写作文等学习活动中，他们就难以保持应有的注意力。改善该类儿童的注意力是感觉统合训练的主要目标之一，调节他们的注意力是训练有效实施的重要手段。注意力缺陷的主要表现如下：

1. 注意力集中时间短暂，易分散，对任何刺激都会产生反应。

2. 上课、写作业不专注，喜欢发愣走神或东张西望。

3. 做事难以持久，一件事未做完，又去做另一件事。

4. 做事不注意细节，粗心大意易出错。

5. 做事丢三落四，总是遗失物品或易忘事。

6. 与他/她沟通，常常心不在焉，似听非听。

（二）活动过度

活动过度表现为经常不安宁，手脚小动作多，不能安静坐着，在座位上扭来扭去。在教室或其他要求安静的场合不能安静地坐在座位上，有的儿童甚至在班级课堂走动，难以从事安静的活动或游戏。活动过度的主要表现还有：

1. 比同年龄、同性别的大多数儿童活动多。

2. 好动、坐不住，翻箱倒柜，难以安静。

3. 上课坐不住，小动作多，与同学说话，甚至离开座位。

4. 喜欢招惹同学，喜欢奔跑喧闹。

5. 青春期小动作减少，但会感到坐立不安。

（三）好冲动

多动和（或）冲动是该类儿童的另一核心特征，表现为认知冲动和行为冲动。他们思考问题草率匆忙，想法形成快但缺乏周密性，做事缺乏条理，自我监控能力差。做事不顾及后果，凭一时兴趣行事，为此常与同伴发生纠纷，造成不良后果。在外没有安全意识，有时会让自己受伤。在别人讲话时插嘴或打断别人的谈话，在老师的问题尚未说完时便迫不及待地抢先回答，不能耐心地排队等候。其他表现还有：

1. 做事不计后果。

2. 不分场合插话或打断别人谈话。

3. 打扰、干涉他人活动。

4. 登高爬低不考虑危险。

5. 情绪不稳定，容易过度兴奋，也容易因一点小事发脾气或哭闹，甚至出现反抗和攻击行为。

（四）品行障碍

品行障碍在小时候表现为叛逆、厌学、说谎、偷窃等，在其上初中后可能会出现攻击行为，如辱骂、打伤同学，破坏物品，虐待他人和动物，或一些不符合道德规范及社会准则的行为等。其他表现还有：

1. 因经常受到老师、家长的批评及同伴的排斥出现焦虑和抑郁。

2. 与同龄人相比，在情感上显得较不成熟。

3. 较多伴有对立违抗障碍、冲动、发脾气、吸毒、犯罪等情绪和行为问题。

（五）学习困难

在注意力缺陷与多动障碍儿童中，多数人智力是正常的，但由于他们的注意力集中困难，不能安心听讲、做作业，不能静心应付考试，使其视听或视动功能受到严重影响，导致在阅读、拼写、计算、临摹绘画等方面出现学习困难。

第二节　注意力缺陷与多动障碍儿童感觉统合训练
的问题及应对策略

针对多动症儿童的感觉统合失调、前庭功能不良、触觉不当、本体感失调，以及整个身体协调不良等进行感觉运动强化训练，对于矫正由于运动感觉不足或运动感觉扭曲等原因而产生的身体协调不良、身体形象不明等具有较好的作用。加强正确的运动感觉刺激并建立、恢复其健康和正常的运动模式是感觉统合训练的目的所在。

感觉统合训练能够改善儿童的手眼协调功能，提升儿童的注意力水平，协调视听觉、触觉、本体觉以及前庭觉，使神经通路通畅，让儿童及时根据环境的变化调整自身，作出适应性的反应，从而使儿童情绪稳定、注意力集中、适度活动，有利于儿童保持注意力，保持情绪稳定，从而缓解儿童的注意力不集中、冲动、多动等行为问题。

一、注意力缺陷与多动障碍儿童感觉统合训练的问题

（一）前庭觉障碍

已有研究表明，前庭系统功能的平衡能力下降，容易引起注意力缺陷与多动障碍的表现，比如说注意力不集中、多动和冲动，提示前庭系统很可能在注意力缺陷与多动障碍的发病机制中起着重要作用。

（二）本体觉障碍

1. 活动过度

本体觉失调的儿童会表现出活动过度，在座位上扭动或站起，严重时离开座位走动，或擅自离开教室。

2. 协调能力差

动作不灵活，表现为快速轮替动作笨拙，共济活动不协调，不能直线行走，手眼协调功能力差，扣纽扣系鞋带困难，拍皮球不灵活，投球不准等。

（三）触觉障碍

由于父母教育方法不当，儿童缺乏必要的触觉刺激，容易出现触觉功能障碍。

其中，触觉反应敏感的儿童接收外界信息的能力较强，能感受到很多常人无法感受到或容易被忽视的感觉。这些儿童的大脑一直处于混乱状态，急于对任何干扰信息做出反应，从而导致过度活跃。他们在参加集体活动时，常不遵守秩序，甚至破坏游戏规则，又急于表现自己，因此常常遭到同伴们的厌恶。

（四）学习能力障碍

在学习的时候，大脑需要特别集中注意力、参与任务和使用工作记忆，而多动症很大程度上影响了执行能力，在这种程度下，不足以诊断为学习障碍。多动症让学习变得困难，更多的是因为儿童注意力无法集中，而儿童的智力是正常的，这些儿童的核心特点是保持注意力困难、自控能力差。但由于他们的执行能力较差，所以在阅读、写作和数学方面会面临困难。

（五）感知觉障碍

多动症儿童的智力并不比其他儿童差，但是有许多感知觉异常，比如阅读书写困难，辨别左右困难，精细协调功能异常等。

其他感知觉障碍还包括视运动障碍、空间位置知觉障碍、左右辨别不清、经常反穿鞋子、听觉综合困难及视听转换困难等。

二、注意力缺陷与多动障碍儿童感觉统合训练

感觉统合训练能够有效地缓解ADHD儿童的症状，强化其感觉、认知、行为间的整合能力，提高儿童的注意力以及信息获取、加工到输出的连续性和协调性。其目标是提升儿童的自尊心和自信心，缓解心理压力，累积积极的心理体验，提高学习效率和学习成绩，改善不良的人际关系等。提高其注意力和自我控制能力，不断增强儿童的感觉协调能力，不仅能够减轻症状，而且没有副作用。

（一）前庭觉训练

前庭觉训练帮助儿童大脑在最短的时间内处理来自各个感觉器官的信息，增强儿童肢体间的协调运作，该训练能够极大程度地促进其他感觉统合。训练师可以采用滑梯、蹦床、吊缆等刺激儿童前庭觉、保持身体平衡的训练器材进行训练。

滑梯：俯卧在滑板上，双手抓住滑梯两侧用力向下滑，滑下时双臂朝前伸展，双腿并拢，头抬高。强烈刺激前庭体系，头部、颈肌同时收缩，促进身体保护行为的成熟。

蹦床：让儿童站在蹦床上，双脚并拢蹦跳，跳起来时，膝盖弯曲，脚后跟踢至臀部。强化前庭刺激，抑制过敏讯息，矫治重力不稳和运动能力发展不足。

下面笔者以独脚椅训练为例：

活动名称：独脚椅。

活动目标：练习伸展和保持平衡，协调身体，控制重力感，建立前庭感觉机能。

适用对象：前庭发育不良，笨手笨脚，节奏感、方向感很差的儿童。

指导重点：儿童能够坐在独脚椅上保持平衡，在训练师陪同下，可以坐在独脚椅上完成听训练师讲故事、唱儿歌，自己拍手等活动。

活动材料：

（1）5厘米厚、10厘米宽的木块两块；一块约30厘米长作为椅子的座面，另一块需测量儿童坐下时双脚刚好平放在地面，膝盖呈直角时的离地高度，（三岁的儿童膝盖离地大约25厘米、四五岁的儿童膝盖离地大约28厘米、已经上小学的儿童膝盖离地大约30厘米）。

（2）两个螺丝钉。

活动过程：

（1）儿童坐在独脚椅上保持平衡。

（2）全神贯注地听训练师讲故事。

（3）有节奏地拍手唱歌。

（4）唱与身体动作有关的歌，同时根据歌词大意进行与身体有关的活动，如拍拍手、拍拍肩、抬抬脚等。

活动延伸：坐在桌子前玩游戏，如搭积木，捏橡皮泥等；坐在独脚椅上与训练师接抛物品。

注意事项：

（1）刚开始训练时，根据儿童的平衡程度决定是否可以直接进行独脚椅的游戏活动。

（2）如果儿童在独脚椅上摇摇晃晃，可以让他一边坐在独脚椅上，一边背靠着墙。有墙壁的支撑，可以保证儿童的基本平衡，维持左右平衡就可以了，等他学会左右平衡的技能后，尝试维持前后的平衡，撤掉墙的辅助。

（3）在游戏活动中避免儿童从独脚椅上摔下，保证儿童的安全。

（二）本体觉训练

帮助儿童感知自身躯体各部位所处的位置，以及肢体的运动方式、方向、幅度、速度等静态或动态的躯体动作要素。训练师可以通过进行拍球、搬运物体、抛接物品等游戏活动进行本体觉训练。

拍球：让儿童两腿稍分开，微弯腰双手或单手拍球。在拍球的过程中，儿童感受球的运动，控制球的方向，从而锻炼儿童的本体觉和注意力。

投球：让儿童两腿稍分开，双手拿球，对准篮球筐投球。在此过程中，调整手的方向和力度，使球能准确地进入篮球筐。

平衡木：让儿童站在平衡木上面，单手扶持护栏或双手平伸，抬头挺胸，双脚交替向前走。

下面笔者以推接球游戏为例：

活动名称：推接球游戏。

活动目标：在训练师的辅助下能够完成靠墙推球或者接球的动作，健全儿童本体觉发展。

适用对象：难以完成不熟悉和比较复杂的动作的儿童。

指导重点：儿童将球推向墙壁，墙壁将球弹回，儿童感受自身的推力以及球弹回的弹力，目的是锻炼儿童的动作协调能力以及肌肉收缩的本体觉；与训练师配合接球游戏，锻炼手眼协调能力。

活动材料：大龙球。

活动过程：

（1）儿童双手抱球将球推向墙面，感受来自球的反推力；

（2）将球放置于地面，双手拍球，让球弹离地面；

（3）双手抬起球，并将球抛向高空，然后接住；

（4）与训练师配合，相互抛接球。

活动延伸：运输球，准备更多数量的球，让儿童从一个地方将球运到另一个地方。

注意事项：推接球的过程中要注意安全，防止儿童跌倒或擦伤，活动时间要适度，避免造成儿童过度劳累。

（三）触觉训练

触觉刺激对于注意力缺陷儿童神经系统整体的感觉统合以及感觉认知、感觉运动发挥着重要的作用。帮助儿童的神经系统进行整体的感觉统合，促进感觉认知、感觉运动的发展，可以采用不同材质的物品作用于儿童的背部、腹部、腕部、面部、手部、脚部等部位的皮肤，对较敏感部位如手心、脚心、腹部、腋下、四肢内侧谨慎采用触觉刺激。

触觉球（带颗粒面的大龙球）：让儿童仰卧（俯卧）于地垫上，按压触觉球在身上滚动，力度由轻到重，以儿童能耐受为度。球面有特殊设计软质颗粒，并带有香味，游戏中提供了丰富的触觉和嗅觉刺激，有助于稳定儿童的情绪。

平衡步道和平衡触觉板：让儿童站在平衡步道和平衡触觉板上面，双手平伸，抬头挺胸，双脚交替向前走。平衡步道和平衡触觉板凹凸不平，会刺激儿童的触觉发育。

下面笔者以吹风机或软刷子的游戏为例：

活动名称：吹风机或软刷子的游戏。

活动目标：提高触觉接受度及增强触觉辨识分化能力。

适用对象：触觉敏感或迟钝、情绪化、交往困难的儿童。

指导重点：调整各种温度对儿童敏感部位的刺激，比单纯吹自然风或电扇有效。这种特殊的感觉，儿童会觉得很好玩，长期使用可以培养儿童抑制轻微刺激信息的能力，使情绪趋于稳定。

活动材料：电吹风、软刷子。

活动过程：

（1）在大人的陪伴下，儿童打开吹风机感受风；

（2）用手或脸感受不同温度、速度的风；

（3）使用吹风机吹头，同时感受风对头部的刺激；

（4）调节电吹风的温度或风速；

（5）慢慢适应风吹头发。

活动延伸：吹头前或吹头时，可用软刷子对儿童的头部进行按摩；刺激儿童头部神经的同时使儿童的头发柔顺，便于吹干。

注意事项：使用吹风机时，应注意用电安全。

（四）学习能力训练

帮助儿童处理周围环境中庞大而又复杂的信息，如通过视、听、味、嗅、触、前庭觉和本体觉等感官系统采集的信息，将重要信息整合，指挥身体各部分器官协调运动，使儿童更好地完成对环境的适宜反应，即各感觉系统与大脑之间实现良性互动，这是提高儿童学习能力的基础。该训练项目不是单独的，而是融入各个训练项目中的。

难度拍球：在儿童会拍球后，提升难度。

由双手拍球—单手拍球并自己数数—左右手各1次并自己数数—左右手各2次并自己数数—左右手各3次并自己数数—左右手各4次并自己数数。

拍球时儿童既要记得数到多少，又要记得左手拍了几次，右手拍了几次。充分锻炼了儿童的记忆力、注意力，为学习做好基础。

难度独脚椅：在儿童会坐独脚椅后，提升难度。

由能抬腿保持平衡—抬腿并自己数数—左右腿各1次并自己数数—左右腿各2次并自己数数—左右腿各3次并自己数数—左右腿各4次并自己数数。

在进行独脚椅训练时儿童既要记得数到多少，又要记得左腿抬了几次，右腿抬了几次。

第三节　注意力缺陷与多动障碍儿童感觉统合
训练活动设计举例

一、注意力缺陷与多动障碍儿童感觉统合能力训练案例

案例主题	前庭觉训练		
案例时间	2019年12月1日	**案例地点**	感统训练教室
案例对象	成成（化名），男，2016年出生，3岁左右被诊断为多动症，伴有言语发展迟缓，至今仍在服用药物。该儿童在幼儿园时就比其他儿童表现出明显的多动行为。主要表现在：上课时不遵守纪律，晃动椅子，经常招惹同桌及前后的同学，注意力不集中，东张西望，但老师批评或暗示后可以暂时集中注意力和停止问题行为；在进行教学活动的时候，安坐能力不好，只能维持十分钟左右，对于老师在教学中提出的问题能够积极举手回答，可以积极参与活动，但容易被外界事物所影响，小动作比较多，例如闭眼、低头、弯腰、挪动椅子、晃动身子等行为，会离开座位，在教室里奔跑，自言自语，在写作业时容易出现与小朋友抢夺文具的行为。遇到想做的事情父母不能满足，便大喊大叫，甚至在地上打滚，乱摔东西，此时精力显得特别充足。		
案例背景	家庭条件较好，爸爸是一名教师，妈妈是一名医生，儿童周一至周五的早上在融合幼儿园进行学习，下午则在康复机构进行个人训练。在家庭教养方式上，爸爸主要负责该儿童的学习和生活，爸爸较为严厉，看到孩子好动、发脾气，烦了就骂，急了就打；妈妈则对孩子过于宠爱，只要孩子要赖，妈妈一定会满足孩子的要求。家长希望能够改善该儿童的多动行为，提高该儿童身体的平衡能力和动作的协调性。		
教材分析	感觉统合训练包括前庭、本体和触觉刺激的训练。训练中训练师指导儿童参与各种活动，这些活动是对儿童能力的挑战，要求他们对感觉输入做出适应的反应，即成功地有组织地反应。新设计的活动逐渐增加对儿童的要求，使他们有组织、更成熟地做出反应。在指导活动的过程中，重点应放在自动的感觉过程上，而非指导儿童如何反应。在一个学习活动中，涉及的感觉系统越多，训练的效果越好。提高儿童前庭觉机能，发展儿童的平衡能力，从而能够建立儿童的身体协调以及双侧统合，增强儿童腰腹肌和下肢肌的力量，从而达到训练效果。		

教学过程	（一）热身活动 1. 手腕、踝关节运动。 2. 体转运动。 3.《欢乐跳》律动音乐。 　　结合放松训练进行全身性的准备活动和下肢关节肌肉的准备活动，提高个体的整体水平，防止肌肉、关节在训练中受损。虽然热身是准备活动，但是实质上已经开始了身体肌肉、协调能力的训练。 （二）训练环节 项目一：太空舱旋转大陀螺 　　目的在于练习儿童双手协调能力、自我控制力，学会主动探索，增强手臂力量，提升视觉空间异位感。对固有前庭感觉的输入和调整有很大的帮助，有助于平衡和姿势的健全发展。同时身体的肌肉受到较强烈的刺激，强化身体的形象概念。 项目二：花样走S形平衡木 　　通过在限制范围的平衡木上活动，可以提高身体的双侧配合、平衡反应和视觉运动协调水平。 项目三：蹦床达人 　　通过在蹦床上趴、蹲、站，训练身体平衡感、协调性及触觉，有利于情绪掌控。 （三）身体放松 　　律动歌《欢乐跳》。
教学后评价	通过多种训练形式交替进行，增加训练的趣味性，避免重复带来枯燥而导致训练的效率下降，增加了注意力的稳定性、抗干扰性、集中性。 　　根据儿童的反应，适度地降低训练的难度，等到儿童能适应训练后，逐渐过渡到辅助或主动训练，从而增强儿童的自信心，提高儿童的兴趣，减轻儿童心理紧张感。 　　在花样走平衡木的训练中，通过有意识地尝试竞赛式训练，增强了儿童参与活动的积极性和竞争力，极大地提高了儿童注意能力的发展。
教学后反思	优点： 1. 课堂气氛非常活跃，充分调动了儿童的积极性。注重发展了儿童的运动能力、遵守规则的意识，从儿童的学习表情、学习行为和参与度来看，很好地吸引了儿童的兴趣，也让儿童保持一定的关注度。 2. 训练内容编排合理，针对儿童的不足和现有能力编排切实可行的训练内容，让儿童在训练中既不会因感觉太难而放弃，也不会因感觉太简单而失去兴趣。 3. 通过训练达到了康复训练效果，提高了他们的运动能力，改善了儿童的前庭平衡。

续表

教学后反思	不足： 1. 多动症儿童存在多动和冲动行为，不能有效控制自己的行为，在合作活动中时不时会偏离主题，需要监督，有时儿童动作幅度较大，训练师要及时提醒或纠正，避免伤害到自己和他人。 2. 注意力缺陷和认知行为冲动问题，导致在训练过程中可能会频繁出现突发性难点。训练活动时断时续，缺乏连续性，在训练实施过程中应变力有待提高。

二、注意力缺陷与多动障碍儿童感觉统合能力训练方案

训练对象	注意力缺陷与多动障碍儿童
个案情况	成成（化名），男，2016年出生，被诊断为多动症，伴有言语发展迟缓，说话时语速较快，性子比较急，存在表达漏字、吐字不清晰的现象。受训者在前庭方面存在异常。运动水平较低，但耐力强，该儿童平衡感较差，手脚不灵活，肢体活动不协调，例如拍球走路比较困难，该儿童对于跳跃的活动有待加强；有较好的劳动能力，有较强的自我服务意识。在进行教学活动的时候，注意力不集中，容易受身边事物的影响；安坐能力不好，只能维持十分钟左右，小动作比较多，例如闭眼、低头、弯腰、挪动椅子、晃动身子等行为，经常在上课时离开座位，喜欢在教室里奔跑，自言自语。家庭条件较好，父母都是高学历，妈妈是医生，爸爸是大学老师，工作都比较忙。平时由爸爸负责该儿童学习和生活，爸爸比较严厉，妈妈过于宠爱。该儿童父母教育态度截然不同，父亲太严，母亲则太宠，这可能是导致该儿童行为多动的主要原因之一。
评估工具选择	《注意力缺陷与多动障碍SNAP-评定量表》
强化物选择	满五个贴纸兑换零食或看动画片2分钟。
训练目标	具体目标：通过全身准备活动、旋转大陀螺、S形平衡木及蹦床针对性训练培养儿童身体各部位协调与平衡感，提升儿童的自尊心和自信心，缓解儿童的心理压力。
训练目标	长期目标： 1. 加强儿童的平衡能力和肢体协调能力，促进前庭觉能力的完整。 2. 促进言语神经的健全，改善儿童容易分心、注意力不集中的问题，增强抗干扰的能力。 短期目标： 1. 能够双手交替拍球行走并绕行障碍物。 2. 能根据要求双脚平起平落跨越障碍物。

训练器材	大陀螺、S形平衡木、蹦床、鼓。
训练过程	一、训练准备活动 训练师将儿童带到感统训练室，与儿童进行互动，进行师生问好。"成成，早上好。""老师，早上好。"训练师提示："我们接下来要去做一些有趣的活动，现在要活动活动我们的身体，成成跟着老师一起做。" 1. 手腕、踝关节运动 自然站立，双手对握，后撤右脚一小步，脚尖点地，扭动手腕和踝关节，25秒后换脚。 2. 体转运动 双手与肩部平行做左右转动。 3. 律动歌《欢乐跳》 根据歌词做出相对应的动作，如踩脚、拍膝盖、拍手、抖肩、扭屁股等。 嘿，小脚， 我们踏踏小脚。 嘿，膝盖， 我们拍拍膝盖。 嘿，屁股， 我们扭扭屁股。 嘿，肩膀， 我们抖抖肩膀。 4. 训练注意事项 （1）观察并询问儿童的身心状态，训练师可以面带微笑，用舒缓的语气先与儿童互动，拉近距离，转移儿童注意力。 （2）做动作时注意观察儿童的反应，及时给予表扬，如"好棒，你有和老师做一样的动作""你做的动作可真标准""真棒，你有认真在听老师说话"。 （3）热身活动要针对训练项目热身，身体充分活动，避免在训练中受伤。 二、训练项目 （一）训练项目名称：太空舱旋转大陀螺训练 1. 训练姿势：盘腿坐在大陀螺上。 2. 训练动作要领：大陀螺自然放在地面，儿童一个人盘腿坐在大陀螺凹陷处，双手紧抓大陀螺边缘，凭借自己胳膊和腰部力量，头部慢慢靠近大陀螺边缘，稳住身体。训练师在一旁双脚呈外八字状放在陀螺底下，保持陀螺平衡辅助其旋转，适当摇晃陀螺，速度不能过快，约3秒左右转一圈即可。先向左转5圈，再向右旋转5圈。儿童适应后，儿童尝试自己旋转。如果不成功，训练师辅助，使其完成任务。要保证陀螺至少转三圈。

训练过程	3．训练的难度调节与变式：脱离训练师辅助，学生自己旋转五圈以上。 4．训练技术要领：儿童坐在陀螺内被动感受，训练师以不同频率、幅度、角度前后左右晃动大陀螺，在训练师的间隔助推下，儿童因身体惯性驱动陀螺持续旋转期间注意调控旋转速度、节律、旋转时长等。要求儿童先进行180°左右摇晃，速度不宜太快，力度由轻到重。随后要求儿童进行360°旋转，旋转速度由慢到快，可左右方向交替变化。 5．训练注意事项 注意儿童旋转的时间，注意保护儿童，防止磕到大陀螺边缘。 注意观察儿童反应，出现身体不适或者儿童情绪过于紧张、兴奋，应将旋转速度减慢或停下来。 当儿童表现出倦怠情绪，懒散训练，半途而废，训练师要及时关注并采取鼓励性措施来帮助儿童建立自尊心和自信心，如"好棒""有坚持""非常厉害哦"等话语。 儿童在训练中还会出现多动、冲动的情况，训练师要适时给予行为或心理支持，"我们不喜欢，一会再做吧，我们先玩一个自己喜欢的" （二）训练项目名称：花样走S形平衡木 1．训练动作要领 （1）儿童保持身体直立，双臂抬至侧平举，行走过程中保持抬头，双眼目视前方，双脚沿着平衡木交替前行。儿童根据训练师示范，从平衡木一端走到另一端，行走时根据鼓点声的快慢频率，变换行走，若中途掉落平衡木，则回到起点重新开始。可以要求儿童选用多种行走方式训练：拖步行走，即一只脚行进，另一只脚轻触支持面拖动跟进；交替行走，即要求儿童双手举平，抬头目视前方，脚跟并脚尖走过平衡木，两脚交替匀速向前走，即踮脚尖走，踮脚尖交替走或拖脚走；高抬腿走，即儿童抬高腿（膝关节呈90°）地行走。 2．训练技术要领 （1）训练师通过指令调控儿童的行进速度以及行进方向，如正常行走项目中，训练师快速下达反向行走指令，或根据训练师指令快慢改进行走速度。 （2）儿童行走中同时回答训练师的提问。如儿童跨步行走时，回答训练师口述的脑筋急转弯题目。 （3）在练习前，儿童先要掌握在平地上向前行走，且双脚走在一条直线上的要领，然后再上平衡木进行练习。 （4）在平衡木上行走时，先双手抱手臂进行练习，等走稳以后再尝试双手侧平举走平衡木。

训练过程	3. 训练注意事项 平衡木的行走形式较多，容易出现心理疲劳，儿童在掌握操作要领后，可自主改变训练形式，或适当地穿插娱乐项目，如通过看动画片，以此来增加儿童的活动兴趣或缓解疲劳。 训练师可与儿童尝试竞赛式训练，增强儿童的积极性，集中儿童的注意力。 训练师应给予及时的语言鼓励，用温和的语气和语调给予儿童自信心，减轻儿童的心理压力，如"不要着急，慢慢来，我们想一想再做"。 儿童易受外界环境的影响，如外界声音或训练师的对话，需要注意观察儿童，及时给予言语（叫名）或非语言（手势）支持，使儿童的注意力回到训练中来。 儿童完成闭眼训练项目时，训练师应给予儿童近身防护或间歇性支持，避免儿童摔倒受伤，儿童的动作幅度较大，训练师要及时提醒或纠正，避免伤害到对方或本人。 （三）训练项目名称：蹦床达人训练 1. 训练姿势：趴、蹲、站（单脚、双脚）。 2. 训练动作要领 （1）趴：儿童先趴在蹦床上，训练师颤动蹦床，让儿童感受一下蹦床颤动感。 （2）蹲：儿童蹲着在蹦床跳，持续一分钟。 （3）站：让儿童睁着眼在蹦床上跳，持续一分钟；让儿童单脚睁眼跳到蹦床上然后再跳下来，持续一分钟。让儿童双腿并拢，自然站立在蹦床上，抬头目视前方呈准备姿势，随后双脚同时发力，借助蹦床的弹性进行连续的跳跃。每一个小环节结束后给予强化。 3. 动作技术要领 训练师持儿童单手或双手让儿童独立在蹦床面上完成下蹲上跳动作，跳跃方式包括双腿跳、单腿跳、左右单腿轮跳。视觉状态分为睁眼或闭眼，上肢姿态多变，可上/前/侧平举、抱头、胸前交叉等。 4. 身体放松活动 引导儿童收拾器材，打扫场地。 5. 训练注意事项 （1）训练师为儿童提供近身保护或扶持儿童完成相关动作，须做好安全防护工作，消除儿童心理紧张，避免儿童从蹦床上滑落。 （2）根据儿童的表现及时调整训练强度，儿童在蹲着跳的时候会有困难，多给予其语言鼓励；儿童在睁眼单脚跳的时候，可能会重心不稳，要对其采取保护措施。 （3）训练师下指令时准确简洁，训练过程中及时给予强化和鼓励，增强儿童的积极性。 （4）检查螺丝稳固性，排除周边障碍物，避免儿童无意识跃出床面。

训练后提升	1. 根据家庭及儿童具体情况，可以让家长及时了解训练内容，在家进行上下台阶时训练，辅助儿童双脚跳台阶。训练时对儿童进行有针对性的指导，时间不宜过长，注意不要强迫，尽量使教学内容在家中得到延伸，在配合的情况下进行。 2. 在社区或公园等有条件的地方，进行过独木桥练习，要注意安全。
训练后反馈	1. 儿童很好地达成了这次的教学目标，如在蹦床训练中儿童在训练师耐心的指导下逐渐从一开始的趴、蹲、单脚站到最后能双脚跳的快速进步。 2. 儿童在教学中配合度高，在训练师示范后可以较快学会教学内容。但动作大多都不规范，需要进一步的监督和辅助。 3. 教学工作仍然存在很多问题，比如训练师在与家长的交流工作中，对家长提出的问题，在解答方式、解答内容上都应该改善。另外训练师感统教学时间短，教学经验不够多，教学理论不足，也是下一步重点提高的方面。

第七章 学习困难儿童的感觉统合训练技术

感觉统合训练可以使儿童的运动协调能力和注意力得到明显的改善。感觉统合训练加强了儿童的前庭功能，使儿童的中枢神经系统得到良好的发展，前庭刺激的输入打开了神经系统的部分通路，促进了神经系统的发育，改善了大脑感觉的组织协调和运作过程，使神经系统有目的地去运作。同时，感觉统合训练可以使本体觉与这些感觉进行统合协调，达到解决儿童注意力不集中、动作不协调、情绪波动较大、阅读困难等问题的效果，减少儿童在学习上的阻碍，增强学习的兴趣和学习的效率，从而提高学习成绩。通常儿童表现出学习困难，不是因为智力低下，而是由于老师或家长的责骂打击使儿童从心里害怕学习，时间久了，这种紧张不安的情绪会抑制学习的兴趣，对学习产生厌烦的情绪。感觉统合训练不是直接通过书本知识的传授来改变儿童的学习行为，而是在玩耍和游戏中，让儿童在不知不觉中接受相关的身体训练，从根本上解决感觉统合失调的问题。

第一节 学习困难儿童的特点

一、学习困难的类型

学习困难通常包括发展性障碍、学业性障碍两大类。重度学习障碍儿童的出现率约为1%—2%，轻度学习障碍儿童的出现率约为5%—15%。通过适当的特殊教育和相关服务，他们中的绝大多数都能取得明显的进步。此外，学习障碍儿童还会受到心理与社会环境等多种因素的影响。

（一）发展性障碍

发展性障碍是指学生在生长发育的过程中，经常显露出心理和语言发展的某些方面偏离正常的发展状况。发展性障碍主要表现为感知觉障碍、注意障碍、记忆障碍、思维障碍、语言障碍。

1. 感知觉障碍

视、听、触等多种感知觉上存在困难，最常见的表现是视觉失调、听觉失调与感知觉整合障碍。学习障碍儿童常缺乏将各种感官受到的刺激整合到一起的能力，表现为手眼、手耳配合不当。但是，这种不协调产生的原因不是由明显的感觉障碍，如视觉障碍、听觉障碍或运动障碍所引起的。学习障碍儿童视觉记忆差，表现为不能同时记忆较多的字，如老师布置需要抄写较多字的作业时，他们不能轻松地将字誊抄到作业本上，另一种表现为回忆形状或字词有困难，不能正确辨别颜色、名称等，如常常把q看（或写）成p，把"天"看（或写）成"大"，把橙色看成红色。有的学习障碍儿童听觉辨别能力较差，如不能正确区别声母或韵母；听觉记忆差，不能重复多于五六个词的句子。有的学习障碍儿童的空间方位分辨能力差，不能正确地区分上下、左右、正反、里外、高低等，数学运算时存在各种错误。

2. 注意障碍

在智商测验中，一些学习困难儿童的分数属正常或超常。可是他们极难集中注意力，表现为上课很难集中精神听讲、行事易冲动、不能遵守规则、不听从指令。因此，注意障碍儿童容易在学习上遭遇挫折。最主要是因为注意的目的性不强、稳定性差，注意的品质不良，注意力不集中、容易分散。在学习的过程中常常有讲话、好动、东张西望等行为表现，其注意力非常容易被无关学习的东西所打扰。心理学家认为注意力缺陷的儿童的学业成绩远远低于没有注意力缺陷的儿童。注意的品质也可能会影响儿童学习的成绩，如同在进行信息加工过程中没有足够的地方来进行注意信息储存一样，这是一个非常严重的问题。因此，注意力是学习困难儿童不能较好地在学习上完成学习任务的重要原因之一。

3. 记忆障碍

通过选取学习困难的小学生与非学习困难的小学生两组实验对象作对

比，探究学习困难的小学生在言语工作记忆、空间工作记忆以及中央执行功能测试中的成绩是否存在差异，得到的结论是学习困难儿童的工作记忆水平显著低于非学习困难儿童。由此可以看出，学习困难儿童在工作记忆方面存在明显不足，工作记忆是儿童学习的重要基础，由工作记忆转为长时记忆是一个必经的过程，如果工作记忆明显低于正常水平将会对学生的学习产生巨大影响，从而导致学业成绩不理想。大多数儿童学习成绩不好与记忆能力有着紧密的联系，良好的记忆力可以保证儿童正常的学习和生活，并在此过程中发挥重要的作用，让学习新事物更加容易。相反，如果记忆力不好或者记忆缺陷的儿童在学习中相对较困难，学业成绩也就不理想。

4. 思维障碍

思维障碍和语言障碍有密切关系。研究发现，有思维障碍的儿童绝大多数也表现出语言障碍，但也有少数例外的情况。学习困难儿童的思维表现出以下特点：思考力缺陷，对概念、对象和空间关系的理解等方面有困难，难以形成概念，思维的灵活性差或思维狭窄，缺乏分析、综合能力，联想不流畅，缺乏良好的判断力和选择能力，判断失误；算术缺陷，表现为算术方面的学习困难，抽象推理差。

（1）思维联想障碍

表现在联想的速度、数量、结构和形式等方面出现问题。如思维贫乏，儿童少语缄默，交谈困难；思维缓慢，儿童言语少，应答困难；思维中断，儿童说话突然中断，片刻后变换新的话题；思维奔逸，儿童语流增快，话特多，随环境变化而转移，出现音韵联想和字意联想；强制性思维，儿童思潮不受意愿支配，杂乱无章，无现实意义；强迫观念，某概念在儿童脑内反复出现，虽知不必要，但自己无法克服，可出现反复计数、反复穿衣等强迫行为，妨碍生活学习。

（2）思维逻辑障碍

如思维松弛，儿童说话无中心，回答问题不切题，交谈困难；象征性思维，儿童用某一具体概念代替某一抽象概念，只有自己知道其中含义，别人无法理解。如将右手象征"好人"，将头象征"坏人"，用右手打自己的头表示"好人打坏人"。典型的思维逻辑障碍还有破裂性思维、逻辑倒错性思维等。

（3）思维内容障碍

主要表现为妄想。它是一种病态的信念，不符合客观事实，也不符合儿童的认知教育水平。但儿童却坚信不疑，经解释也不能纠正。儿童妄想内容易变，缺乏系统性，早期会出现类妄想性幻想或强迫状态，表现为恐惧、焦虑，对最亲的人无故产生敌意。随着年龄的增长，儿童的妄想才渐趋典型。如迫害妄想，儿童怀疑遭到他人迫害，认为杯中放了毒等；关系妄想，儿童认为他人的讲话、咳嗽、吐痰都是针对自己；罪恶妄想，毫无根据坚信自己犯了错误，把在学校的小缺点当成大罪过，出现抑郁、自虐倾向等。

5. 语言障碍

学习困难儿童的说话与听觉能力有可能出现问题，学习障碍儿童有各种语言和言语加工方面的障碍。学习障碍儿童在词汇表达、语义理解、语法或句法规则掌握和运用等方面都存在明显的障碍。因此，有的学习障碍儿童有严重的沟通障碍，既不能正确理解别人的话语，又不能恰当地表达自己的思想。如在语言接收方面他们常表现出能理解听到的信息，但不能很快地进行语言信息加工，所以往往不能听到别人所讲的全部内容，而是只听到其中一部分内容；他们的语言表达能力较差，在口头语言表达方面常常词不达意，难以用言语表达自己的思想或与别人进行正常交流，朗读困难，常将看到的词遗漏或用其他词替换，并且在发声和发音系统方面也存在障碍；说话条理不清、词汇量少、句型简单；在听觉能力上可能存在理解方面的困难等。大多数学习困难儿童在书面语言表达方面也存在着明显的障碍，表现出书写困难，不能把所看到的语言完整地写下来，也不能用正确的词汇、语法规则来表达自己的思想、观点和情感。

（二）学业性障碍

学业性障碍是指学科学习方面（例如语文、数学等学科）或学习技能方面（例如听、说、读、写、算等）存在困难，是基本心理问题导致的学习中存在的问题。主要表现为：阅读障碍、算术障碍、书写障碍、拼音障碍、写作障碍等。

1. 阅读障碍

识别文字的困难源于一种阅读文字特异性困难，称为发展性阅读障碍。儿童在阅读的时候看到的字仿佛在跳动，具体表现为不能清晰地阅读某个字或词，阅读时丢字落字、容易跳行，读书时结结巴巴，爱看动画，不爱看文字等。阅读障碍是学习障碍最主要的类型，超过70%的学习困难儿童有阅读障碍。

2. 算术障碍

算术是学习和运用数学的基础，影响儿童学习算术的因素包括数学本身的抽象性、学生的认知风格、认知能力、教学因素等。算术涉及应用题、代数、推理、几何运算等。算术障碍的原因主要有以下几点：

（1）数学学习准备技能不足；

（2）大小辨别困难，形状辨别困难；

（3）一一对应困难，数数困难，视听联结困难等；

（4）运算方法混淆，如常把加法运算做成减法运算或在一个运算中运用了两种运算方法，题越复杂，算法也越复杂，儿童产生运算混淆的现象也越严重，计算错误；儿童运用的法则与运算方法都正确，但在计算上发生了错误；没有掌握数学法则，例如不会退位减法、错用进位或者在进位的数位上发生了错误，或把进位与运算次序颠倒；省略运算步骤，如在两位数乘法运算时只做一位数的运算；除法运算时忽略了余数等；

（5）不能进行心理上的迁移，不断地运用以前学习过的程序和规则，却不能把注意迁移到其他运算上，如会加减法，但学不会乘除法；

（6）空间组织困难，如把数字颠倒或反向（方向混淆），读错数字，如把71读成17，被减数与减数混乱，运算过程中数字的位置排列发生错误。

3. 书写障碍

写字障碍，如不能使用适当的力度握笔、书写字迹潦草；拼写障碍，如可以阅读但是不能使用笔书写，提取书写目标困难；写作困难，书写的语句过短，难以组成完整的句子，标点错误，文章结构混乱等。书写汉字笔画生硬，字迹难看。有的儿童表现为写字时经常丢失或增加笔画，与原字词相差大，不能正确书写字的正确字形，或者把文字、字母左右上下颠倒，例如分不清"b"和"p""上"和"下"。缺乏主动书写，手指笨拙（如不会使用筷子、穿衣系扣子笨拙、握持笔困难、绘画不良），写字丢偏旁部首或张冠李戴，写字潦草难看，涂抹过多，错别字多。

4. 拼音障碍

在认读或拼写汉语拼音时常发生混淆，突出表现在对"镜像字母"的混淆上。

5. 写作障碍

写作是在阅读、书写、拼音等基础上建立起的独特的文字表达方式，缺乏这些基础难以培养儿童的写作能力，不利于学习新知识和表达自己的想法。当儿童存在写作上的问题时，无论是在家中还是学校，家长与老师都应重视，有针对性地训练儿童的写作能力，提高其写作水平，为其更好地学习语文打下坚实基础。

综上，如果儿童在发展、学业方面存在着上述障碍，那么就可能会造成他们在学业方面的低能和学习成绩的下降，甚至可能导致他们出现情绪不稳定、易冲动、缺乏自尊心、多动、攻击等各种外向性问题行为，或者产生多动、抑郁、自卑等社会退缩性问题行为。但并非每个学习困难儿童都具有以上所有的特征，他们也有个别差异。学校和老师应了解其学习障碍之所在及其产生的原因，采取适当措施对其进行教育和训练，尽快消除其学习障碍。

第二节　学习困难儿童感觉统合训练的问题及应对策略

每个孩子在出生后，必然需要接触外界环境，并将环境中的各种信息进行挑选、整合、处理、分析，最终获得自己的主观体验，这也是我们每个人学习的最基本的方式。外界环境的刺激以不同方式刺激感觉器官，通过一定的传导方式进入中枢神经系统，由大脑对这些信息进行处理，这是学习的重要前提。

一、学习困难儿童感觉统合训练中存在的问题

儿童的感觉统和能力失调,在学习与交往上出现困难,通常表现出明显的学业成绩较差以及淡漠,同时对某些刺激过分敏感和回避。有以下现象:多动,动作不协调,容易摔倒,手眼、手耳协调能力不足,动手能力较差,注意力不集中,上课不专心,爱做小动作,记忆力较差,誊抄困难,回忆不清,听觉辨别较差,容易听错指令,不能重复五六个词以上的句子;书写不工整,字迹难看,笔画颠倒或错误;阅读会跳行或跳字,有阅读困难;写作没有逻辑;语言表达困难,社交关系差;胆小,害怕陌生环境,容易退缩,敏感、自卑,经常感到焦虑不安;存在依恋行为和攻击行为。在感觉统合能力方面,归纳出如下特点。

(一)前庭觉功能训练中存在的问题

前庭器官是大脑中重要的器官,控制人的重力感和平衡感。平衡能力主要来自人身体骨架和中枢脊髓神经功能,以协调身体和地心引力的运动。平衡感发育不良,会造成儿童站无站相,坐无坐相,容易跌倒,原地打转,拿东西不稳,走路撞墙,心烦气躁,好动不安,眼睛不能一直盯住目标,人际关系不良,具有攻击性,甚至由于脑机能不全影响语言发展能力以及左脑组织逻辑能力等。

前庭觉不良,也会出现无法判断视觉空间的现象,空间感来自身体和重力感的联系,缺乏重力感的儿童很难有空间透视感,因此无法判断距离和方向,在人多的地方容易迷路,也会因为靠近或碰撞他人,而导致人际关系的紧张。此外,前庭觉不良还会使孩子常遭遇挫折,丧失自信心,容易形成恐惧、难过、生气、过度兴奋等情绪问题。如果没有办法有效地控制或协调,人格的健全和情绪发展都会受到严重的阻碍。

这些问题会严重影响学习能力,例如,在学校表现出好动不安,上课时东张西望,注意力不集中,爱做小动作,喜欢捉弄人,心浮气躁,没有自信心,爱发脾气。上课会不自觉地到处走动,扭动身体,控制不住自己。容易违反课堂纪律,经常在上课时说话或做小动作,喜欢接老师的话,不能明白老师的指令,不会做操,不喜欢读书写字,左右不分,方向

感不明，经常磕磕碰碰，喜欢爬高，绕圈子跑，旋转不晕，怕走平衡木。不善与人交往，容易与人发生冲突，爱挑剔，很难与他人同乐，也很难与别人分享玩具和食物，不能考虑别人的需要。有些孩子可能出现说话词不达意以及语言表达困难等问题。

（二）触觉功能训练中存在的问题

触觉过分敏感或过分迟钝。儿童在训练中通常表现出害怕陌生环境、吮手、咬指甲、爱哭、爱玩弄生殖器、过分依赖父母、容易产生分离情绪、爱招惹别人、偏食或暴饮暴食以及脾气暴躁可能伴有攻击行为等。触觉不良的儿童很难感受到被触碰的感觉，或者对触碰过度敏感。因他们的感觉处理障碍类型不同，每天会遇到不同的感觉刺激辨别、分类和处理等问题。

表7-1　触觉过分敏感如何影响儿童的行为

触觉调节正常的儿童	触觉过分敏感的儿童
优米今年4岁，可以忍受妈妈在上学前替她梳头洗脸。虽然她不喜欢这种感觉，不过仍然可以适应，这种不适也能够很快调节过来。这个时候她的神经系统已经发育完全，让她能抵制"抵抗或逃跑"的冲动。	欧蒂恩4岁，上学前妈妈想要帮他梳头和洗脸，他却退缩不前。不一会儿，他一把推开妈妈并大喊"你弄疼我了"。他之所以对触碰这么敏感，主要是因为他还在防御所有的触碰，所以会出现"抵抗或逃跑"的反应。吃早餐时，他一直闷闷不乐。

表7-2　触觉迟钝如何影响儿童的行为

触觉调节正常的儿童	触觉迟钝的儿童
小花6岁，她在草坪跑步时跌了一跤，擦伤了膝盖，她跑到屋里哭啼啼地告诉爸爸妈妈发生了什么事。妈妈替她包扎伤口并安抚她。她在屋里一瘸一拐地走着，抱怨了一会儿，后来停止了哭泣，等到朋友来家里玩的时候，她就忘记了原来受伤带来的疼痛。	华华6岁，他在草坪跑步时摔了一跤，手和膝盖都摔伤了，但他不在意身上摔的伤，再次爬起来奔跑。妈妈过来发现了，想要帮他清理伤口，他却不愿清理，还说"我不疼"。

（三）本体觉功能训练中存在的问题

本体觉障碍儿童在训练中通常会表现为方向感差，容易迷路，不能玩需要大量视觉辅助的游戏，如攀爬、捉迷藏等，闭上眼睛容易摔倒，动作记忆差、学技术困难，站无站相、坐无坐相，容易驼背、近视，特别怕黑。

表7–3　学习困难儿童本体感与学习能力训练

本体感与学习能力	
肌肉控制	大脑对手指肌肉控制不好，儿童写作业慢，写字不美观、容易出格。
手眼协调	手眼不协调，常出现誊抄错误，写字颠倒。
手耳协调	手耳不协调，儿童看到和写出的就会不同。
身脑协调	大脑对身体控制不良，上课写作业时身体转来转去，不安分，容易做小动作。
本体感	本体感不足的儿童手脚笨拙，动作缓慢，拖拉消极，没有上进心，缺乏自信心，脾气暴躁，粗心大意。

（四）视知觉与听知觉训练中存在的问题

视知觉不良儿童在训练中通常表现为尽管能够长时间地看动画片、玩玩具，却没有办法完整地阅读，在阅读时经常跳行或者多字又或漏字；写字偏旁部首颠倒，甚至将字整体认错，学了就忘；不会做计算题，运算方法常发生错误，常抄错题，运算过程张冠李戴。听知觉不良表现为对别人说的话虽然听见了，但是没有听进去，常常丢三落四，经常忘记老师说的话或布置的作业等。

这些问题会在儿童感统训练中产生巨大的阻碍，尽管这样的儿童有正常甚至超常的智商，但由于大脑的协调性差，影响到其注意力和记忆力，也影响语言的表达能力和人际交往能力，因此，对儿童的训练学习、生活和人际关系均有极大的影响。

二、学习困难儿童感觉统合训练

对于存在感觉统合障碍的学习困难儿童进行感觉统合训练，最终目的是让孩子对外界刺激产生感觉，对传入的信息进行正确的处理。这个处理的过程是一个神经系统加工的过程，即接收自身与周围的信息，组织运用于日常生活中，使儿童有较好的整合能力，改善动作不协调、注意力不集中等问题。根据每一个儿童，为其制定专属的有目的、有计划的感觉统合训练，提高学习困难儿童的认知、注意、语言等学习能力，是一种卓有成效的办法。

（一）前庭觉刺激的训练

为改善儿童的好动、注意力不集中、上课不专心、爱做小动作、很难与其他同学相处等导致学业成绩不佳的问题采用前庭觉刺激训练。

前庭觉是当我们移动时，产生的重力感与头部位置的改变或移动经大脑神经系统之间协调产生的感觉，有助于人的头、眼、四肢和身体活动相互协调做出适当的动作。前庭刺激的训练是感觉统合障碍改善的重要方法之一。通过给予前庭器官不同程度的感觉刺激，使调节姿势反应的前庭功能正常化，在接受触觉刺激的同时，统合其他感觉的监听功能，对大脑的整体起着重要的作用，刺激前庭在知觉的训练中得到广泛的应用，在锻炼感觉统合的许多方法中，刺激内耳前庭是一种有效的方法，具有促进其他感觉统合的作用。

如果前庭刺激产生过度兴奋或过度抑制，可鼓励儿童进行顺应性反应，使前庭返回到常态。只有前庭觉出现更好的容忍度，才能延长时间，要留意儿童在训练中是否产生不适反应（头晕恶心、脸色苍白，发冷，冒汗），产生不适反应时应立即停止游戏，再次玩的时候，从简单缓慢且不刺激的游戏开始。

儿童可进行下列活动来刺激平衡能力的发展：

旋转运动：旋转圆筒、旋转木马、旋转椅子等。

摇晃运动：采取俯卧位、仰卧位、侧卧位、头脚颠倒等体位进行秋千、吊床等游戏。

平衡运动：平衡台、走平衡木等。

姿势与反应性运动：儿童踏板车、草坪沙坑中爬行、踢足球等。

速度感、位置感、距离感的体验：让儿童在踏板车上，另一只脚在地上滑行，体验滑行。

1. 坐球游戏

活动名称：坐球游戏。

活动目标：强化大肌肉、前庭中枢及脊髓中枢神经健全发展。

适用对象：大肌肉发育不良、肢体不灵活、平衡感较差的儿童。

指导重点：儿童可以轻轻地坐在球上，上半身保持垂直放松的状态，闭上眼睛慢慢调整呼吸，直到完全放松，每次约10—30分钟不等，也可以坐在球上轻轻地晃动手脚进行律动的舞蹈。

活动材料：大龙球。

活动过程：

（1）儿童缓慢地坐到球上，上身直立，保持平衡；

（2）闭上眼睛，坐在球上保持平衡；

（3）逐渐抬起双手，不依靠手的支撑；

（4）轻轻地晃动手脚，有节律地进行舞蹈。

活动延伸：

用球代替椅子，让儿童坐在球上看电视、做功课、休息等，可以使脊髓神经的发育更为健全。

注意事项：

游戏应从简单到复杂进行，保证儿童的安全，避免从球上滑落。

2. 走平衡木游戏

活动名称：走平衡木游戏。

活动目标：强化身体协调、固有平衡以及运动协调能力。

适用对象：肢体不灵活、胆小情绪化、容易跌倒的儿童。

指导重点：采用直线型的平衡木，让儿童从平衡木的一端走到另一端，锻炼其平衡能力以及身体协调能力。

活动材料：平衡木。

活动过程：

（1）站上平衡木，在他人的辅助下，从平衡木的一端缓慢地走向另一端；

（2）逐渐熟悉后，不需要他人的辅助能够自己走向另一端；

（3）听指令侧身，横走向另一端；

（4）倒着走过平衡木。

活动延伸：也可以将平衡木换成S型，或用其他物品代替，比如小凳子搭成替代的平衡木。注意其稳定性，避免儿童跌倒出现意外。

注意事项：

在走平衡木时，训练师应时刻关注儿童的活动，防止儿童从平衡木上摔下。

（二）触觉刺激的训练

该训练是通过让儿童触摸各种实物，提高其触觉分辨能力，降低触觉阈限的训练。训练内容包括对气体、液体和固体的接触；对各种不同材料、不同形状和体积的物体的触摸等。

触觉刺激能够对学习困难儿童神经系统整体的感觉统合以及感觉认知、感觉运动起作用。如用不同材质、不同表面光滑程度的球类，轻触儿童的背部、腹部、头面部以及手脚等部位。手、背部是触觉防御最小的部位，这些部位是和正常环境相互作用、接触最多的部位；而身体的腹侧部、面部及足部对刺激敏感，触觉防御大，往往是儿童对触碰难以接受的部位，刺激部位的选择主要取决于儿童的具体反应。想要对这些部位进行触觉训练，要先清楚这些部位是否需要摩擦以及使用何种工具摩擦。可以先让儿童进行带有皮肤刺激的游戏，如玩水、沙土、堆积木以及光脚在草坪上走等。一般来说，对神经系统产生影响的时间大约在刺激30秒以后，时间越长刺激效果越好，但是要根据孩子的耐受程度而定。

触觉刺激具有长期效应，在采取一般的教育之前会先对儿童进行触觉刺激训练。儿童对不同的刺激类型、时间长短以及出现频率等做出不同的反应，训练师根据儿童的反应灵活采取训练对策。儿童的偏好反应是选取触觉刺激类型的灵敏指标。当刺激物适宜时，儿童会表现出较为配合的态度，有助于感觉统合的作用；相反，刺激物选取不当，对儿童的感觉统合会起到破坏的作用。

1. 沙子游戏

活动名称：沙子游戏。

活动目标：强化触觉神经及中枢神经系统。

适用对象：触觉敏感或迟钝、情绪化、学习困难儿童。

指导重点：准备沙子和不同工具让儿童将沙子塑造成不同的形状。通过手对沙的触摸，可以强化手的感应力，对触觉敏感的消除很有帮助。

活动材料：

除了盛沙用的大盘子、桌布和清洁用具，还需要用到以下物品：

（1）干净清洁的沙子；

（2）装满水的喷水壶；

（3）常玩的小玩具，如玩具恐龙或鱼、鸟、贝壳等玩具，还有海边常见到的物品模型（小船、太阳伞、椰子树等塑料玩具）；

（4）饼干印模。

活动过程：

（1）把沙子撒在盘子里；

（2）用喷水壶把沙子弄湿；

（3）堆一些小山丘，用玩具模拟在海滩上的风景；

（4）把玩具放在一边，将沙子铺平，用手指在铺平的沙子上写字或画画；

（5）用饼干印模为沙子塑造形状。

活动延伸：

让儿童使用工具，尝试塑造有一定难度的沙子形状。

注意事项：

避免儿童误食沙子；沙子不慎入眼应当立即清洗。

2. 毛巾或软垫游戏

活动名称：毛巾或软垫游戏。

活动目标：强化大肌肉、前庭中枢及脊髓中枢神经健全发展。

适用对象：触觉极端敏感的儿童。

指导重点：用大毛巾把儿童包起来，让儿童在大毛巾中滚动或扭动，该活动有助于儿童全身的触觉发展，由于在毛巾中儿童容易主动掌握，因此即使是触觉很敏感的儿童，也难以产生抗拒感。

活动材料：大毛巾或软垫。

活动过程：

（1）让儿童躺在大毛巾内；

（2）在训练师的支持下，儿童在毛巾内随着毛巾的摆动而滚动；

（3）儿童在毛巾内左右侧翻；

（4）儿童将头伸出毛巾外，做开飞机模样；

（5）躺或压在软垫上。

活动延伸：用软垫将儿童的身体压成三明治的样子，轻压儿童身体各部位，促进其对感觉刺激的自我调节。

注意事项：

训练师在抓住毛巾时，保证儿童不掉落；如果儿童产生头晕、恶心等不适症状，应当立即停止。

（三）本体觉刺激的训练

为了使本体觉正常化，提高感觉统合功能，可以让学习困难儿童进行如游泳、拔河、跳绳、搬东西以及其他可以使肌肉紧张的运动。本体觉可维持肌肉张力、控制姿势，感知肌肉出力程度，以及身体各部位的位置，发展身体概念、身体地图（上下各个位置、五官、各个肌肉，手脚的位置）、身体意识（不只知道身体地图，还知道怎么操作身体以及如此操作的结果是什么），可以让儿童去学习新的活动，透过本体有更好的学习能力和模仿能力。

为了强化儿童的平衡感，心理学家设计出了体积较小的滑行板。其目的是要通过较强的肌肉收缩为脑干提供统感觉的输入。持续的肌肉收缩使感觉进入小脑，对脑干的统和功能起到促进的作用，此外运动觉是意识到关节运动或位置的感觉，从感觉本身来说，是感觉运动产生的重要来源。关节上没有过多的接收器来感受本体信息，需要通过关节挤压或牵拉来提供外界的运动刺激。家长需要注意的是，本体觉不是天生产生的，而是由后期儿童在生活中所形成的，例如在婴儿时期的翻身、滚动、爬行训练，在幼儿时期的拍球滑梯、跷跷板等训练，儿童时期跳绳、踢球、游泳等训练。过多的保护可能会适得其反，让儿童接触自然的活动，是产生本体觉的重要保障。

1. 缓冲垫游戏

活动名称：缓冲垫游戏。

活动目标：熟悉有关位置力量、方向，控制身体各部动作，统合触觉与前庭觉。

适用对象：本体觉不良，经常会撞到家具、门框，走路跌跌撞撞，会撞到其他人的儿童。

指导重点：儿童在缓冲垫上感受身体各部位，在缓冲垫上翻滚，刺激前庭觉，有利于儿童了解身体的各部位刺激的感觉输入。

活动材料：

（1）稍有弹性的布料，并在布料中间放入填充物，如棉花或其他柔软的物品。

（2）滑板，并在滑板上铺上适合其尺寸的垫子。

活动过程：

（1）儿童可以从沙发或床上跳到缓冲垫上；

（2）躺在垫子上，在垫子上翻滚；

（3）在垫子上小憩；

（4）趴在滑板车上，从滑板车摔到缓冲垫上。

活动延伸：趴在滑板车上滑动时按照一定的轨迹方向滑动。

注意事项：

选择活动的场地应该空旷安全；儿童趴在滑板车上滑行要避免摔倒或撞击坚硬物品。

2. 搬凳子游戏

活动名称：搬凳子游戏。

活动目标：搬运有一定重量的物品可以使儿童的本体觉得到提升，锻炼儿童的身体素质以及动作协调能力。

适用对象：身体僵硬、不协调、笨拙、经常跌倒或打翻东西的儿童。

指导重点：营造一个舒适安全的环境，搬运凳子，要求儿童将凳子拿起并放到另外一个地方，此过程目的是锻炼儿童的方向感以及手眼协调等能力。

活动材料：形状大小相近的凳子。

活动过程：

（1）儿童将每个凳子从一个地点搬到指定的地点；

（2）与训练师比赛，看谁先搬完自己的凳子；

（3）按照规定路线走。

活动延伸：

可以在凳子上放小玩偶，在搬运的过程中不使玩偶掉落。或增加凳子的重量，需要儿童用比之前更大的力气拉动凳子。

注意事项：

注意不要让凳子掉落砸伤儿童；增加凳子重量，以儿童的体力来定，不宜过重。

（四）综合训练

综合训练是学习困难儿童感觉统合训练的主要内容，占训练周期的较大比例。训练活动可以采取同时性整合训练，在基础训练的项目中整合认知及言语等内容，提高大脑各功能区之间的交流与统整。也可以采取计时性训练，将儿童当前学习的文化知识贯穿于基础训练当中，锻炼个体在不同性质任务间迅速完成转化适应的能力，提高学习效率。

个体与客观环境相互作用过程中，少不了信息的输入、储存和加工。在这一过程中，个体需要调动自己的各种感觉器官，对不同刺激作出相应的反应，并形成各种形式的感觉，如视觉、听觉、触觉、本体觉等，为了对外界复杂环境的刺激作出进一步的反应，需要在中枢神经系统的作用下，对各种感觉进行整理与组织，从而形成个体对外部环境的完整知觉，并与外部环境之间构成一个动态的平衡关系来适应外部环境。有意识地调节儿童各感官参与学习，是取得良好成效的重要方式。

笔者以"我会写"训练活动为例：

活动名称："我会写"训练。

活动目标：正确有效地写出目标字词，提高感觉与动作的发展水平，为学习打下坚实基础。

适用对象：手耳协调、手眼协调不足，知觉功能障碍，学习困难儿童。

指导重点：在训练师的指导下，儿童拿起笔抄写简单的文字，要求笔顺正确，誊抄无误，按训练的指令写出适合的句子。

活动材料：纸、铅笔、橡皮。

活动过程：

（1）照写简单的汉字；

（2）照写简单的一段文字；

（3）听训练师的指令写某个词；

（4）继续按照指令，描写某样物品。

活动延伸：

抒发儿童自身的情感，用纸笔表达出来。

注意事项：

儿童年龄不宜过小，有一定的识字基础；避免被笔尖等尖锐物品刮伤。

第三节　学习困难儿童感觉统合训练活动设计举例

一、学习困难儿童感觉统合能力训练案例

案例主题	本体觉训练		
案例时间	2021年9月	案例地点	感觉统合训练室
案例对象	红红（化名），女，2015年1月出生，韦氏儿童智力测验得72分，2021年9月入学读一年级。各项发育指标正常。其学习困难主要表现为：上课无法集中注意力听讲，不专心，坐不住，上课常左右看；懒惰，行动慢，做事没有效率；不能按时完成作业；写字时常搞混上下左右结构，抄写时会漏字等。平时随堂测验得分均在10分以下（满分100分），一年级上学期期中考试交白卷等。		
案例背景	该儿童养育者为父母和祖父母，养育者文化程度为中专。养育方法上，父亲较宽松，母亲较严格。养育者与儿童沟通时间较多，与儿童关系很密切，给儿童的生活空间适中。该儿童因为学习困难而寻求帮助。		
教材分析	该课程主要从前庭觉、本体觉、触觉三个角度来展开训练，从小的运动量和比较容易吸引儿童兴趣的项目开始，结合训练师对儿童的接触和互动，主要是提高儿童前庭觉机能、控制儿童的重力感、发展儿童的平衡能力和手眼协调能力，从而能够建立儿童的身体协调以及双侧统合，增强儿童腰腹肌和下肢肌的力量，营造轻松愉快的课堂氛围，培养儿童完成训练的成就感。		

教学过程	一、热身活动 1. 跑步：通过课前的跑步训练，本体觉等各种感觉刺激信息被激活，儿童中枢神经系统整合功能得到提高。 2. 爬行：爬行促进大脑双侧分化，有助于锻炼儿童的肌肉，促进儿童骨骼的生长和韧带的灵活。 二、训练环节 项目一：滑板推球。儿童趴在滑板上，双手推面向墙壁的大龙球，让儿童适应本体觉训练，提高儿童的动作协调及注意力。 项目二：吊筒旋转。儿童坐在吊筒上旋转，使前庭器官、本体觉得到加速度刺激。 项目三：头顶物走平衡木。儿童头上顶着物体走平衡木，并保持头上物品不掉落，提升儿童躯体平衡感。
教学后评价	1. 多种训练形式交替进行，如面对墙壁趴在滑板上推球，增加训练的趣味性，避免重复枯燥而导致训练效率的下降，增加儿童注意力的稳定性、抗干扰性、集中性。 2. 在头顶物走平衡木的训练中，通过采取问答训练，增强了儿童参与活动的积极性和竞争力，极大地提高了儿童注意能力的发展。 3. 在本节课上，训练师以自然的语调进行教学，鼓励儿童，使儿童在自然、愉快的课堂氛围中学习，儿童的操作能力增强，达到了良好的教学效果。
教学后反思	优点： 1. 在训练中儿童对所训练的项目表现积极活跃，同时训练师运用游戏法让儿童参与训练，对儿童的感觉统合失调有很大的帮助。 2. 儿童在完成一项任务后，训练师都会及时奖励儿童强化物，并贴在墙上最耀眼的地方，让儿童的参与积极性更高。 3. 在课堂上，训练师与儿童进行语言上的交流互动，多次引导儿童表达，课堂上加入游戏的训练，营造轻松和谐的课堂氛围。 不足： 1. 学习困难儿童在训练时，对训练师所提的问题，没有专心回答，根据每个儿童的生理与心理特点，针对儿童数学学习的情况，做适当的教学调整，更改训练策略。能力较弱的儿童，要细心去指导，多鼓励儿童。 2. 在对儿童进行训练时，要引导家长从积极正面的角度理解感觉统合失调儿童所出现的问题，除生理因素外，还应该看到心理和社会因素对儿童的影响。在对儿童进行训练时，训练师不仅要对儿童进行训练，而且要适当地对家长进行感觉统合知识的普及、家庭教育知识的普及，同时要与家长多沟通以了解儿童的情况。 3. 需要让家长意识到，对于儿童的感觉统合训练，只依靠训练师的指导是不够的，在训练时，家长要配合训练师的工作，配合协助。还要把感觉统合训练延伸到日常生活中去，时时练习，才能达到更好的训练效果。

二、学习困难儿童感觉统合能力训练方案

训练对象	学习困难儿童	
个案情况	红红，女，2015年1月出生，韦氏儿童智力测验得72分，2021年9月入读一年级。各项发育指标正常。其学习困难主要表现为：上课无法集中注意力听讲，不专心，坐不住，上课常左右看；懒惰，行动慢，做事没有效率；不能按时完成作业；写字时常搞混上下左右结构，抄写时会漏字等。平时随堂测验得分均在10分以下（满分100分），一年级上学期期中考试交白卷等。该儿童养育者为父母和祖父母，养育者文化程度为中专。养育方法上，父亲较宽松，母亲较严格。养育者与儿童沟通时间较多，与儿童关系很密切，给儿童的生活空间适中。该儿童因为学习困难而寻求帮助。研究对象在学习方面存在时间和方位判断、语言能力、社会行为等问题，以及感觉统合方面的本体感严重失调、前庭功能轻度失调等问题。	
评估工具选择	《儿童感觉统合能力发展评定量表》《学习障碍儿童筛查量表》	
强化物选择	叮当球：儿童喜欢叮当球，在训练中选用儿童最喜爱的叮当球作为强化物，以此激发儿童的学习兴趣。	
训练目标	长期目标 1. 通过感觉统合训练，提高各感觉通路间的统整能力。 2. 增强语言、认知、动作、感知觉间的统合性能。 3. 增强动作精细和协调水平，提高解决问题的意识。 4. 提升注意力品质。 短期目标 1. 三个月内通过感统训练使儿童逐步分辨颜色与形状，促进手眼协调及空间位置发展，提高注意力，最后能独立分辨颜色、形状，以及建立手眼协调。 2. 半年后儿童能够独立完成障碍跨越并保持平衡。 3. 半年后儿童能够独立完成平衡木正向走、侧向走、倒走。 具体目标 通过全身准备活动、滑板推球、吊筒旋转及头顶物走平衡木，有针对性地训练培养儿童各种运动方式以及肢体内或肢体间的动作协调，逐步发展儿童的前庭觉、本体觉以及触觉。	
训练器材	滑板、大龙球、吊筒、平衡木、书本或沙包	
		注意事项
训练准备活动	1. 训练师将儿童带到感统训练室，并与儿童进行互动，如："××，上课时间到了，我们该上课了，××，早上好。"随后训练师引导儿童说出："××老师，早上好。"	（1）与家长了解儿童今日是否有不适情况，如感冒、发烧等。 （2）训练师与儿童进行互动时，语气缓慢，面带微笑，应与儿童进行眼神对视。

训练准备活动	2. 跑步绑好沙袋，引导儿童在教室边缘跑步8圈，训练师在儿童后面督促并时常告诉儿童还有几圈或者还有几分钟。 3. 爬行，围绕教室爬行五分钟。使用正确的姿势（两肘支撑和抬头）向前，爬行规则：沿直线爬行，不能超出规定范围。	（3）儿童出现回答不上问题的情况时，训练师要及时引导。 （4）跑步与爬行范围不能过大，选择儿童合适的范围；跑步时，训练师需检查儿童鞋带。 （5）途中儿童出现停留情况，训练师须给出口语提示，如叫儿童姓名其无反应时，训练师上前用肢体提示。
训练过程	1. 训练项目一名称：滑板推球训练。 2. 训练项目姿势：面对墙壁趴在滑板上推球。 3. 训练项目动作：儿童趴在滑板上，要求儿童的头颈抬高，挺胸，身体中心要紧贴在滑板上面，主要以腹部为中心，慢慢让儿童的双手伸展，面对墙壁，距离墙壁约30厘米，用双手对墙壁做水平推球动作，待球从墙壁弹回后双手接住再推，如此循环反复。 4. 训练项目动作要领：（1）训练师通过指令调控儿童的推球速度，如快速数数1、2、3；（2）儿童推球过程中同时回答训练师的提问，内容包括朗读、识记、数学运算等。	（1）儿童开始时不能很好地推球，也无法接球，经过训练可很快进展到50—100次，再逐步增加到200次、300次、400次，进行密集训练时可以每天推400—600次。 （2）儿童缺乏兴趣时，可让两三个儿童一起趴在滑板上面对墙壁，大家同时往墙脚中间一个定点用力推球，玩撞球的游戏。训练师也可趴在滑板上参加游戏，用口令"一、二、三，投！"来指挥大家一起投。 （3）训练师辅助儿童整理好衣物，取掉身上的尖锐物品。
	1. 训练项目二名称：横抱筒训练。 2. 训练项目姿势：侧坐横抱筒。 3. 训练项目动作：儿童侧坐在抱桶上，双脚紧夹抱桶，由训练师进行前后左右晃动横抱筒等。 4. 训练项目动作要领：（1）先给予较多的协助力量，由训练师跟儿童一起骑坐在横抱筒上，如两个人面对面骑坐在横抱筒上，训练师也可用手扶着儿童的肩部或臀部，帮助他保持身体平衡而不从横抱筒上跌下来，同时，训练师自己的脚踩在地板上控制方向和速度。（2）训练师给予言语鼓励，让儿童坚持侧坐在抱桶上，双脚紧夹抱桶，并引导儿童感受刺激属性，如方式、幅度、时长或数量等。训练师左手拿红色海洋球，右手拿绿色海洋球，指令容量递增。要求儿童"左手拍红色海洋球、右手拍绿色海洋球"到"左手拍3次、右手拍2次"行进，指令呈现速度加快、重复次数递减趋势。	（1）训练师要注意摇晃的弧度，弧度从小到大循序渐进，帮助儿童适应变化刺激，促进前庭固有体系的活化。 （2）必须要在儿童已经能够适应横抱桶后，方可进行，当儿童出现明显的情绪反抗时，要终止此训练。 （3）儿童初次训练可能出现害怕情绪，要随时保护好儿童，避免在摇摆过程中可能出现的意外情况，可在地上加软垫。 （4）训练师给予儿童的言语鼓励应多样化，不要太单一。 （5）训练师拿海洋球时，应站在儿童可以接触到的地方，表达的指令须明确。

训练过程	1．训练项目三名称：平衡木训练。 2．训练项目姿势：头顶物走平衡木。 3．训练项目动作：儿童头上顶一本书，让儿童在不被扶持、保持身体平衡的情况下走过规定尺寸的平衡木，将书放到终点，再在平地上倒退回起点。如书掉落，儿童须回到起点处，重新开始。 4．训练项目动作要领：（1）开始时训练师需要反复做示范，并跟在儿童后边走，给予其身体协助，如拉着儿童双手或扶其双肩。（2）训练师站在平衡木一旁，儿童行走时训练师拉着他的一只手给予扶持。（3）训练师只在需要时给予扶持。（4）儿童行走中同时回答训练师的提问，内容包括读、识记、数学运算等。如儿童跨步行走时，回答口算题或回答训练师口述的脑筋急转弯题目。（5）儿童完成训练项目时，训练师给予儿童防护或间歇性支持，休息时可奖励儿童强化物。	（1）周边无尖锐异物或障碍物，注意不要让儿童脚下打滑，以致跌落，注意平衡木的边角，防止剐伤儿童的脚趾及脚踝等。 （2）训练师辅助儿童脱掉鞋子并整理好衣物，取掉身上的尖锐物品。训练师告知儿童此刻进行的游戏名称、规则和安全事项。 （3）训练师辅助或儿童独立将书放置在头上，在起点处待命。 （4）训练师确认儿童已准备好，发出"开始"指令。 （5）儿童放置好沙包后，来到旁边的平地上，倒退回起点，倒退中不可转头看路。 （6）训练师需时刻紧跟在儿童身旁，防止儿童摔伤。回到起点后，训练师开始下一轮游戏。依次进行活动，直到时间结束或次数完成。 （7）训练师利用顶书的活动为儿童提供感觉刺激的输入。 （8）走平衡木不熟练的儿童须先在地面进行练习，掌握技能后再在较宽的平衡木上训练，最后在狭窄的平衡木上长期训练。 （9）儿童完成任务后，训练师要及时给予强化。
训练后提升	告知家长课上训练内容，指导家长在家中开展类似的训练活动，巩固提升训练效果。（家长在儿童头上放一个物体，让其沿着直线行走。）	
训练后反馈	1．在训练中儿童对所训练的项目表现积极活跃，同时训练师运用游戏法让儿童参与训练，对儿童的感觉统合失调有很大的帮助。 2．儿童在完成一项任务后，训练师都会及时奖励儿童一朵大红花，并贴在墙上最耀眼的地方，让儿童的参与积极性更高。 3．在课堂上训练师与儿童进行语言上的交流互动，引导儿童表达，多加入游戏的训练，营造轻松和谐的课堂氛围。根据每个儿童的生理与心理特点，针对儿童学习的情况，做适当的教学调整，更改上课教学策略。针对能力较弱的儿童，训练师要细心去指导，多鼓励儿童。 4．在对感觉统合失调儿童进行训练时，要引导家长从积极正面的角度理解感觉统合失调儿童所出现的问题，除生理因素外，还应该看到心理和社会因素对儿童的影响。在对儿童进行训练时，训练师不仅要对儿童进行训练，而且要适当地对家长进行感觉统合知识的普及、家庭教育知识的普及，同时要与家长多沟通以便了解儿童的情况。	

第八章　脑瘫儿童的感觉统合训练技术

感觉统合训练在脑瘫儿童的触觉、前庭觉及本体觉等方面有显著的效果和作用。在认知、粗大动作、精细动作等基础训练上，结合感觉统合训练，对脑瘫儿童智力提升有帮助，对脑瘫儿童的运动障碍和姿势异常有较好的改善，对脑瘫儿童的神经心理发育和感觉功能障碍的干预改善十分有效。提高脑瘫儿童感觉信息调节能力，克服感觉信息的接收和处理问题，提高儿童组织能力、学习能力、动作计划能力、注意集中能力，有助于脑瘫儿童的身心健全发育。脑瘫儿童由于自身的大脑功能障碍以及社交能力欠缺的因素的影响，导致他们参与生活、感受外界、体验社会的经验机会减少，接受感觉统合刺激的机会也相对较少，造成脑瘫儿童或多或少存在不同程度的感觉统合失调。根据儿童感觉统合障碍程度以及儿童的年龄、性别、耐受力等，制订适合儿童的感觉统合训练计划，使个体与环境顺利接触，将感觉统合引入个体训练中，对脑瘫儿童的肢体康复及智力提升有积极的意义，从而让其更好地适应社会。

第一节　脑瘫儿童的特点

脑瘫也叫脑性瘫痪，是一组持续存在的中枢性运动和姿势发育障碍、活动受限症候群，这种症候群是由于发育中的胎儿或婴幼儿脑部非进行性损伤所致。脑性瘫痪的运动障碍常伴有感觉、知觉、认知、交流和行为障碍，以及癫痫和继发性肌肉骨骼等问题。通常是在儿童出生前到出生后一个月内非进行性脑损伤所致的综合征，主要表现为中枢性运动障碍和姿势异常。严重病例还伴有智力低下、抽搐及视听或语言功能障碍。

一、脑瘫的类型

（一）痉挛型瘫痪

1. 痉挛型四肢瘫

四肢肌张力增高，上肢背伸、内收、内旋，拇指内收，躯干前屈，下肢内收、内旋、交叉，膝关节屈曲，剪刀步，肩足，足内翻或外翻，拱背，腱反射亢进，踝阵挛，折刀征和锥体束征等。

2. 痉挛型双瘫

症状表现与四肢瘫相同，四肢都有瘫痪，但是双下肢重于双上肢，胳膊和腿活动均不灵活。

3. 痉挛型截瘫

只有上下肢瘫痪。

4. 痉挛型偏瘫

症状表现与四肢瘫相同，同侧上肢和下肢瘫痪，上肢更重。这种儿童一般脑部会有器质性的病变，就像成人中风偏瘫一样，儿童走路表现为偏瘫步态，一侧上肢活动不灵活。

5. 痉挛型单瘫

有一个上肢或一个下肢瘫痪。在儿童1岁以前，两只手的功能是相当的，若在此时发现儿童只用一侧手，应考虑另一侧手功能障碍。

（二）弛缓型瘫痪

肌张力降低，关节活动幅度增加，扶起时不能维持体位，甚至不能竖颈，运动发育落后。有异常姿势及现象：蛙位姿势、"W"状姿势、"坐位口足"现象等。此类型常为脑瘫儿童暂时阶段，在2—3岁后大多转为徐动型或痉挛型等。

（三）徐动型瘫痪

动作控制不良，包括舞蹈性手足徐动和肌张力障碍。头部和四肢出现不自主的无意识动作，进行某种活动时经常有其他多余的动作，如头部、手部不停地晃动，不能自己控制肢体。构音不清，吞咽困难，常伴有流口水。肌张力可高可低，在早期一般表现为肌无力或低张，随年龄增长如无配合治疗则转为混合型。

（四）共济失调型瘫痪

自发活动少。运动感觉和平衡感觉障碍造成运动不协调，如摇摇晃晃，走路不稳，平衡不好，就像喝醉酒一样东倒西歪，此类型儿童有时身体会发软，一般行走较困难。

（五）混合型瘫痪

一般是两种或以上的类型同时存在，最常见的是不随意运动型脑瘫和痉挛型脑瘫的混合。

二、脑瘫的鉴别需符合的因素

（一）永久性

脑瘫是永久存在的，是由于神经中枢系统导致的运动和姿势发育障碍。脑瘫与其他类型运动障碍有本质区别，例如脑炎所引起的运动功能障碍，其症状经治疗后有良好改善，是暂时性的，与脑瘫引起的运动障碍不同。脑瘫与其他脑部暂时损伤不同，是永久的功能障碍。脑瘫在早期能发现症状并得到有效的治疗，但只能减轻其症状，由于儿童神经系统发育很难确定是否患脑瘫，后续改善难度增大。

（二）发育性

脑性瘫痪是脑组织在生长发育的过程中受到损伤所致，各种原因作用于发育中的脑组织上，才能称其为脑瘫。

新生儿从受孕开始到出生后4周，脑处于发育的过程中，在此期间受到的损伤或损害称为脑瘫。出生4周以后的脑损伤不能导致脑瘫，如某些成年人的颅内疾病，脑出血、脑梗死等问题，虽然也引起肢体运动障碍，但不能鉴别为脑性瘫痪。因为他们不是作用在发育中的脑组织上，而是在成熟的脑组织上，不符合发育性的特点。受孕以前及婴儿期以后的脑损伤不能称为脑性瘫痪。

（三）非进行性

脑瘫的病变是非进行性的，病情以不再向前发展为特点。此外，常见到很多脑性瘫痪儿童，当确定为脑瘫以后，因为各种原因没有治疗或者治疗不当，这些儿童的症状越来越明显，并不是因病变而导致，而是因为儿童自身姿势异常、运动异常的感觉传导形成了恶性循环，使症状不断加重。

（四）中枢性

脑性瘫痪是中枢性损害，病变部位在脑部。任何脊髓前角细胞及以下的部位损害所致的瘫痪都不属于中枢性损害，不能确认为脑性瘫痪，如脊髓灰质炎、坐骨神经损伤等所致肢体瘫痪，均不属于脑性瘫痪的范畴。

三、脑瘫的特征

脑瘫主要表现为运动与姿势障碍，脑瘫儿童在运动时的运动姿势控制能力差，由于类型、受损部位的不同，表现各有差异，即使是同一位脑瘫患者在不同年龄阶段也有不同的表现。

（一）运动发育落后

主动运动减少，和普通儿童相比，抬头、起坐、翻身、爬行、站立、走路均晚，用手拿东西的次数较少，开始拿东西时间也晚。

（二）姿势异常

1. 不对称姿势

如仰卧位，非对称性抬头片刻即倾斜，非对称性张力性颈反射姿势，手足徐动以及扭转痉挛等。

2. 手势姿势异常

如拇指内收，四肢僵硬，拇指屈曲内收不能伸开，熊手，鹰爪手以及握拳等。

3. 步态异常

如痉挛性步态，小脑共济失调步态，震颤、麻痹步态，摇摆步态和足下垂步态等。

（三）智力障碍

智力正常的孩子约占有25%，智力轻度、中度不足的约占50%，重度智力不足的约占25%。

（四）语言障碍

约有30%—70%的脑瘫儿童伴有语言障碍，障碍程度与运动能力丧失程度有直接关系，语言发育迟滞与智力高低成正比，主要表现为构音障碍，语言表达困难，有发音不清或口吃等症状。

（五）感觉障碍

视力障碍、听力障碍、触觉障碍。

四、与其他类似疾病的区别

（一）运动发育落后

有些儿童运动发育比普通儿童稍落后，特别是早产儿和低体重儿运动发育落后，随着年龄的增长以及营养的改善，可得到恢复。

（二）脑白质营养不良

由于芳基硫酸酯酶A的活性缺乏，引起脑硫脂沉淀于体内，导致中枢神经系统广泛脱髓鞘，以脑白质受影响最为严重。脑白质营养不良对小儿危害较大，死亡率高且为遗传性疾病。

（三）进行性肌营养不良

进行性肌营养不良是一类由于基因缺陷所导致的肌肉变性病，以进行性加重的肌无力和萎缩为主要临床表现。由于基因缺陷的不同，症状出现的早晚不同，可以早至胎儿期出现临床症状，也可于成年后出现临床症状。肌营养不良的病程一般是进行性加重的，但疾病进展的速度快慢不一。

第二节　脑瘫儿童感觉统合训练的问题及应对策略

脑瘫康复中所用的感觉统合训练方法针对不同儿童的特性，通过科学的设计方案、专门的训练器材，以游戏运动的形式进行。儿童是训练的主体，要最大限度地调动儿童主动参与到康复训练中来，这种较为轻松的方式可增加儿童的自信心和满足感。感觉统合训练内容主要包括触觉训练、前庭觉训练、弹跳训练、固有平衡训练、本体觉训练等，不仅可以提高运动功能，改善姿势控制异常，增强平衡感，还可以提高脑瘫儿童智力水平，增加其活动参与度等。

一、脑瘫儿童感觉统合训练中存在的问题

感觉统合这一观点最早是1969年美国心理学家艾尔丝博士提出的，人类将外界环境的信息进行统合，作出正确应答，以适应环境，它是针对儿童感觉统合功能失调的有效治疗方法，最早用来提高儿童学习能力，随后引入孤独症、多动症训练等，近几年在脑瘫训练中逐渐增多。

（一）触觉障碍训练中存在的问题

脑瘫儿童触觉障碍可分为触觉调节障碍、触觉迟钝和触觉分辨障碍三种类型。

1. 触觉调节障碍

触觉调节障碍是指儿童对触觉刺激的反应，在反应过度和反应低下之间变化，训练中常常出现情绪不稳，易哭闹。持续哭闹的同时表现出其他问题的存在，如前庭觉调节障碍、本体觉输入障碍等。触觉调节障碍可影响觉醒水平、注意力集中水平、社交能力以及运动发育。

2. 触觉迟钝

触觉迟钝是指儿童对触觉刺激反应低下，渴望大量各种各样的触觉刺激，喜欢质地坚硬的物体；对神经发育治疗的反应慢或无反应。肌张力低下型脑瘫儿童常伴有触觉迟钝。触觉迟钝及触觉刺激接受能力降低会影响觉醒水平、注意力、学习能力、动作计划能力及身体构象能力的发育。

3. 触觉分辨障碍

触觉分辨障碍是指儿童不能对触觉信息进行定位，实体觉不佳，两点辨别能力下降，图形觉下降，不能分辨尖锐或钝的刺激。

脑瘫儿童触觉分辨障碍与动作计划障碍密切相关，常加重运动障碍。脑瘫儿童利用触觉辨识环境的能力差，无法在大脑中呈现环境中物体的正

确信息，因而无法做出堆积木等精细动作，学新动作迟缓，笨手笨脚，也存在学习困难、表情冷漠的问题。

（二）前庭觉障碍训练中存在的问题

在训练中，脑瘫儿童前庭功能失调表现为前庭觉防御和前庭觉迟钝。

1. 前庭觉防御

（1）对运动的厌恶反应

即使有辅助者对其整个身体进行辅助，儿童在空中运动也会出现厌恶反应，如乘车时会呕吐，也可伴有其他感觉调节障碍。

（2）重力不安全感

儿童害怕在空间移动或升降，当将其放在大龙球上时或在较大空间中让其运动时表现明显。

2. 前庭觉迟钝

对前庭刺激的接受不足或丢失，表现出好动以寻求更多的刺激，易跌倒，易分散注意力，不随意运动型脑瘫儿童比较常见，痉挛型或共济失调型脑瘫儿童也可出现。

（三）本体觉失调训练中存在的问题

脑瘫儿童肌张力下降、升高或波动会影响本体觉，在感觉统合的训练过程中分不清自己手掌或上肢的位置，在指令为用手掌抱球时用整个上肢抱球，本体觉常会伴随其他感觉失调，一般不单独存在。

（四）动作计划障碍训练中存在的问题

动作计划障碍是指学习新的技能时，大脑设计、组织并执行时不能熟悉动作的顺序。脑瘫儿童动作计划能力评估非常复杂，动作计划障碍与神经运动障碍的鉴别，取决于儿童表现出来的运动控制缺陷是由于运动成分缺失还是在异常情况下不能使用这些运动成分。例如，尽管儿童能完成上下车动作，但不能说清楚如何上下车，则可能存在动作计划障碍。相反，一个痉挛型双瘫儿童能够描述出上下车所需全部身体动作，而实际上不能独立上下车，可能有特殊的动作执行问题。

（五）视觉障碍训练中存在的问题

1. 大脑对视觉信息的解读存在障碍

大脑视觉中枢受损或缺乏对空间和物体性质认识者，发生视觉信息解读障碍，造成视觉动作整合、视觉分析技巧、空间感等发育障碍，辨别形状和字形困难，视觉记忆短暂。

2. 眼球运动不自如

扫视、追视差，眼反射不正常，追踪物体时不能聚焦，阅读困难，学习时动作迟缓等。

3. 前庭功能失调

看移动的物体时，无法正确判断周围物体方位与运动方向，从而影响视觉空间定向能力，造成日常生活中经常磕磕碰碰，如分不清建筑物、迷路等。在训练中，当身体或头移动时，前庭平衡系统不能有效调整眼部和颈部的肌肉，双眼不能稳定地随着注视目标移动而作出调整，因而无法真正注视，如同坐在颠簸的车上看书，难以看清字句，并且易漏字，写错字等。

视觉可与本体觉、前庭觉及触觉等系统失调合并出现，导致手眼不协调，视觉空间认知困难以及注意力不集中。

二、脑瘫儿童感觉统合问题的应对策略

由于脑瘫儿童主要存在运动障碍和姿势异常，并且可能伴有其他的障碍，因此对脑瘫儿童的感觉统合训练项目主要取决于个体的特性。重点是前庭觉训练和本体觉训练，同时可兼顾粗大动作、精细动作等基础动作以及肌肉和耐力的训练。对于程度较轻或发展较好的脑瘫儿童，可采取高位感觉统合训练，充分发挥其优势。例如，对于智力正常、程度较轻的脑瘫儿童进行高位统合训练，拓展认知范围，提高感知觉能力，促进人际关系等，为以后融入社会奠定良好的基础。但对于程度较重伴随其他障碍的脑瘫儿童，在训练时充分考虑到其他障碍的特点，可以分领域训练或低位统合训练为主，可否进行高位统合训练视儿童的训练水平而定。

（一）触觉训练

脑瘫儿童由于脑部损伤造成运动功能受损，在成长过程中触觉感受较少，常常会有触觉异常，所以触觉训练是其训练的重点之一。可以利用感统室的设备或身边的物品给予儿童丰富的触觉刺激，例如使用大龙球、触觉刷、按摩球、指压板、毛巾、电吹风等进行刺激。

1. 球池活动训练

活动名称：球池活动训练。

活动目标：儿童在球池中完成行走、翻滚、手拨球和潜入动作，增加触觉刺激。

适用对象：触觉敏感或不足的儿童。

指导重点：儿童在球池中自由地活动，增加了儿童对游戏的兴趣，在球池中儿童可以独立地玩耍，增强儿童自身的独立性。可根据需要在球池中增加大小不同的触点球，增加不同的触觉刺激。

活动材料：

（1）球池；

（2）大小不同的触点球。

活动过程：

（1）在进行训练前确保儿童没有佩戴首饰及其他物品进入球池内；

（2）让儿童自己进入池中，感受小球与身体的接触，让儿童随意地在池里玩耍，提高儿童玩耍兴趣；

（3）儿童进入球池，仰躺于海洋球上，让身体与海洋球充分接触。这个活动可单人进行，也可多人进行，让多个小朋友一起玩耍。建立交流基础，感受球的刺激；

（4）儿童取坐位或仰卧位，训练师将海洋球倒在儿童身体上，从少到多慢慢地增加海洋球数量，从低到高改变海洋球落在儿童身体上的力度，若儿童喜欢，可从不同方位倾倒海洋球；让海洋球淹没儿童的身体；或是训练师拿海洋球扔向儿童，让球触碰到身体；可在球池中加入触点球，将触点球抛向儿童，接触或触碰到触点球，产生不同于海洋球的触觉刺激；

（5）跳进球池，取出触点球，训练师协助儿童蹲立于池台，让儿童自已跳入球池，感受来自海洋球的冲击力量，鼓励儿童大胆跳入。

活动延伸：

解锁更多在池中的游戏，儿童与伙伴或者训练师一起玩耍；儿童与训练师在球池中相互接抛海洋球，或者将海洋球推向对方；在池中模拟游泳动作。

注意事项：

年龄较小的儿童不建议让其跳入球池；进入球池前若儿童携带尖锐的物品或其他首饰应取下；跳入球池时，要防止儿童后倾，磕到球池边缘或地面造成脑部损伤；鼓励儿童参与游戏。

2．滚筒活动训练

活动名称：滚筒活动训练。

活动目标：突破触觉防御过强障碍，强化关节信息。

适用对象：触觉防御强、情绪化、挑食、偏食的儿童。

指导重点：儿童卧于滚筒内，将头部和下肢伸出筒外，上肢可不伸出，下肢伸直。虽在触觉训练强度方面较小，但可丰富训练形式。此触觉训练不易使儿童产生抵抗情绪。

活动材料：

（1）滚筒；

（2）玩偶。

活动过程：

（1）可使用玩偶吸引儿童注意力，让儿童钻进滚筒内；

（2）训练前多与儿童进行沟通，让儿童不要害怕；

（3）在训练过程中时刻保持儿童的重心在滚筒下半部分，防止头部的磕碰；

（4）刚开始训练师用手轻推动滚筒，让儿童在滚筒中感受身体各部的触觉刺激；随后可加大力度滚动滚筒；

（5）停止滚筒的滚动，儿童可以在滚筒内自由地穿梭。

活动延伸：儿童位于滚筒内，下肢伸直，自己滚动。

注意事项：滚筒两端不要放其他物品，防止在滚筒滚动时儿童因碰撞而受伤。

（二）前庭觉训练

脑瘫儿童大多存在前庭异常，感统室中诸多设备可用来促进儿童的前庭功能发展，对运动能力的发展有至关重要的作用。训练器材有滚筒、滑梯、吊床、转椅、滑板爬、蹦蹦床等，训练游戏有滑板及滑梯、羊角球等。脑瘫儿童大多表现为前庭不敏感，所以训练过程中要加强前庭功能的刺激，但由于儿童本身的运动能力较弱、平衡感差，无法进行自我保护，需要训练师时刻辅助。

1. 滑板及滑梯系列活动训练

活动名称：滑板及滑梯系列活动训练。

活动目标：调节前庭信息及平衡神经体系自动反应机能，促进前庭觉及身体肌肉协调发展的能力。

适用对象：身体不协调，走路姿势不佳，经常撞墙、跌倒的儿童。

指导重点：儿童以不同的姿势位于滑板上滑动或在他人的协助下转动，感受前庭觉的刺激；还可限制或改变儿童在滑板上的速度，让儿童被动调整身体平衡，刺激前庭神经。

活动材料：

（1）小滑板；

（2）牵引绳；

（3）滑梯。

活动过程：

（1）静态飞机式

儿童身体呈飞机样式，以腹部为中心，身体紧贴滑板，头部抬高，手部向后张开，双腿抬高并拢，以此抵抗地心引力，使儿童颈部张开来增加刺激前庭器官。

（2）乌龟仰躺

由于脑瘫儿童的姿势异常，可采取乌龟仰躺的方式提高儿童颈部张力，刺激前庭器官。儿童仰卧于滑板上，双手托住头部。四肢躯干抬高，身体蜷缩成乌龟壳状。

（3）旋转

儿童盘坐或以其他姿势坐在滑板上，双手抓住滑板边缘，头低下，训练师握住儿童双肩左右旋转或360度旋转。旋转可以破坏过去扭曲的重力感惯性，建立平衡感。

（4）滑动

儿童盘坐在滑板上，训练师拉动滑板进行前后左右不同方向的滑动，有助于脊髓和大脑中枢神经感受重力的改变，建立中耳平衡体系。儿童俯趴在滑板上保持飞机式自由滑动，在滑动的过程中，训练师可适时增加口令。如在儿童滑动的过程中，让儿童向左转或向右转；待儿童熟悉滑行感觉后可进行双人或多人比赛。

（5）限速滑行

将滑板置于滑梯上，儿童盘坐在滑板上。身体直立微向前倾，训练师使用牵引绳在儿童身后，控制滑板滑行的速度，确保儿童在滑行时不掉落。滑行的过程可刺激儿童的前庭神经，调动身体平衡。

（6）滑梯滑行

儿童身体呈飞机式，俯卧或仰卧于滑板上，还可盘坐于滑板上，从滑梯高处滑下，下滑时感受不同的重力感，建立重力反应神经体系。

（7）滑梯投物

儿童飞机式俯卧于滑板上，在下滑前手拿衣物从滑梯上滑下，下滑过程中将物品扔入指定容器内。该活动可以协调前庭觉变化中视觉空间判断的能力，增进身体协调及平衡控制能力。

（8）双人滑

若儿童年龄较小或平衡感较差，害怕滑动，训练师可以坐在儿童身后，双手托住儿童，两个人一起滑下去，消除儿童害怕心理，对建立儿童平衡感有良好作用。

活动延伸：若处在感统室外，也可到有滑梯的地方滑，如幼儿园、公园等。

注意事项：

（1）当儿童在滑板上时，要保证儿童身体紧贴于滑板，避免掉落受到伤害；

（2）训练师旋转滑板时，要在儿童的前庭平衡接受能力范围之内；

（3）从滑梯上滑行的速度不宜过快，要控制滑行的速度；

（4）儿童建立了一定的滑行基础后才可让儿童自己控制滑板滑行。

2．羊角球活动训练

活动名称：羊角球活动训练。

活动目标：强化孩子的姿势反应和双侧的统合，促进儿童高深程度的运动计划，强化本体感。

适用对象：身体协调不良、视空间判断错误的儿童。

指导重点：坐在羊角球上，手握把手，保持平衡，带着羊角球随身体往前移动。

活动材料：羊角球。

活动过程：

（1）儿童坐在羊角球上手握手把，保持身体平衡，尽量用劲往下把球坐扁，再借助球的弹性进行上下振动。这项活动与大龙球上的运动相似，不同之处在于羊角球有把手，孩子可以更多地依靠自己来保持平衡，而不需要依赖训练师进行活动。

（2）儿童坐在羊角球上，双手握住把手，身体自然屈曲，双脚蹬地往前跳动，同时用手握紧羊角球的把手，带动羊角球随身体一起往前移动。

活动延伸：给儿童规定路线，让儿童随着指定的路线，到达指定地点；在路上设置障碍，要求儿童跳过或者绕过去；与其他儿童比赛看谁先完成指定的任务；在儿童跳动时可以在旁边手拿物品让儿童注视，可以锻炼眼球控制及视觉追踪能力。

注意事项：训练场地足够宽广，给儿童提供活动空间；在活动过程中引导儿童不要着急，避免跌倒，注意休息。

（三）本体觉训练

本体觉即儿童对各种刺激产生的内部感觉。本体觉训练是让儿童的肌肉充分感受收缩，增加本体觉信息的输入。本体觉训练可以在进行其他感觉训练时要求儿童闭眼，感受来自身体各肌肉收缩的信息，进行辅助性训练。通过较长的肌肉收缩，为脑干统合感觉提供输入信息。进行的训练，如拔河、摔跤、搬运货物等，训练强度大易产生疲劳，对于脑瘫儿童而言，可能会引起肌肉痉挛，因此应根据儿童身体情况合理安排训练强度及难度。此外本体觉训练对训练场地及器材的要求并不高，在感统训练室外的其他地方也可完成。

1. 竖抱筒活动训练

活动名称：竖抱筒活动训练。

活动目标：儿童在抱住竖抱筒前后左右晃动时，本体觉可以得到有效刺激，同时还可改善触觉敏感状况，强化前庭刺激等。

适用对象：动作不协调、容易受挫、缺乏自信、笨手笨脚的儿童。

指导重点：抱住竖抱筒摇晃，儿童坐在竖抱筒底座上，双腿夹紧竖抱筒，屈曲身体，双手紧抱圆筒，在训练师的协助下，自身身体前后左右晃动。

活动材料：竖抱筒。

活动过程：

（1）儿童坐在竖抱筒底座上，双手紧紧抱住圆筒，训练师用手轻轻地推动竖抱筒，随着抱筒的运动，儿童感受来自身体的肌肉收缩，从而产生本体觉；

（2）儿童取坐位，训练师前后左右地晃动抱筒，儿童为保证在抱筒上不掉落，需要紧紧抱住圆筒；

（3）旋转抱筒，以圆筒的中心为轴，顺时针和逆时针方向交替进行旋转，也可360度旋转。

活动延伸：儿童自己坐在竖抱筒上摇晃，训练师可以让儿童松开一只手接抛物体。

注意事项：儿童在抱抱筒时，要让儿童紧紧抱住，防止在训练过程中不小心掉下。

图8-1 竖抱筒

2. "翻山越岭"活动训练

活动名称："翻山越岭"活动训练。

活动目标：接收运动的信息，中枢神经系统处理后，产生肌肉的张力，有效地做出动作。

适用对象：身体协调能力差、不喜欢体育运动的儿童。

指导重点：将枕头、被子、坐垫、棉衣等堆成小山，鼓励儿童从中爬出。

活动材料：有一定体积且质量较轻的物品，比如枕头、被子、棉衣等。

活动过程：

（1）先将枕头没有规律地摆放在训练地点；

（2）让儿童轻松地穿过物品，从中走出；

（3）儿童融入游戏后，增添被子、棉衣且不叠整齐，将儿童放入这堆物品里，让儿童尝试从众多的物品中爬出来。

活动延伸：准备一个玩偶藏在"群山"中，给儿童指令在众多物品中找出玩偶，并将玩偶带出来。

注意事项：尽量避免尖锐的物品出现；活动场地的选择尽量不要靠墙，以免儿童撞到墙壁。

第三节 脑瘫儿童感觉统合训练活动设计举例

一、脑瘫儿童感觉统合能力训练案例

案例主题	坐位平衡训练		
案例时间	2022年9月20日	**案例地点**	感觉统合训练教室
案例对象	小明（化名），男，2019年3月出生，因为在妈妈怀孕六个月时脑部受到撞击，导致了小明共济失调型脑瘫。现在小明3岁，在平时生活中常常跌倒不能行走，可以坐起来但难以保持稳定姿势，需要辅助才可以保持平衡。平衡感觉丧失，手部会不自觉地抖动，脑部有轻微的抖动，眼球也会有抖动，说话吐字不清，语音语调没有节奏感和音调，吃东西时食物从嘴角流出。		
案例背景	爸爸妈妈关系融洽，家庭和睦。爸爸妈妈都有很高的学历。妈妈在怀孕六个月的时候发生痉挛，那时忙于工作并没有在意，没有去医院及时治疗。小明5个月之前家长没有发现他和其他小朋友有什么不一样，6个月时家长发现其出现流口水、眼神呆滞等一些行为问题。由于家长都受过高等教育，所以爸爸妈妈从来没有放弃给小明做康复治疗，前几年特教行业并不像现在这么普及，小明一直没有受到专业的训练，导致现在很多行为没有得到改善，现在在机构学习后各个方面都有所好转。		
教材分析	本节课的训练内容是根据《特殊儿童的感觉统合训练》（第二版）第七章第五节脑瘫儿童感觉统合训练进行的，坐位平衡训练在学生能力发展、生活中占据重要地位，基于儿童在日常生活中平衡能力较差，这次康复训练以坐位平衡为基础，可以提高儿童在生活中的坐位平衡力。		
教学过程	（一）热身活动 进行热身预备动作——肌肉放松 1. 四肢放松按摩；2. 腰背部、臀部、跟腱部放松按摩。 （二）康复训练 1. 长坐位训练；2. 盘腿坐；3. 椅子坐位训练； （三）游戏环节 1. 坐位滑板；2. 平衡跷跷板； （四）休息放松 进行热身预备动作——肌肉放松 1. 四肢放松按摩；2. 腰背部、臀部、跟腱部放松按摩；3. 关节放松。		

教学后评价	利用多媒体、感统工具在训练和游戏环节对儿童进行坐位平衡训练,不但使教学过程不那么枯燥,而且儿童能够在辅助下保持坐位平衡,能够用手抓住脚保持平衡。在游戏环节,儿童能够在辅助下坐在滑板上双手尝试性地碰滑板两侧。
教学后反思	应当注意在游戏环节多丰富一下游戏的形式,吸引儿童的注意力,提高儿童的积极性。

二、脑瘫儿童感觉统合能力训练方案

训练对象	共济失调型脑瘫儿童	
个案情况	小明（化名）,男,2019年3月出生,因为在妈妈怀孕六个月时突发癫痫,导致了小明共济失调型脑瘫。现在小明3岁,在平时生活中行走时常常跌倒,可以坐起来但难以保持稳定姿势,需要辅助才可以保持平衡。平衡感觉丧失,手部会不自觉地抖动,脑部有轻微的抖动,眼球也会有抖动,说话吐字不清,语音语调没有节奏感和音调,吃东西时食物从嘴角流出。	
评估工具选择	GMS评估	
强化物选择	沙圈玩具。	
训练目标	长期目标	逐渐建立起平衡能力,提高以后生活自理能力。
	短期目标	能够在坐位时保持10秒稳定姿势,不左右摇晃。
	具体目标	通过借助靠背椅、平衡滑板在辅助下进行坐位平衡,双手抓住双脚保持平衡。
训练器材	轻松音乐、沙圈玩具、有靠背的椅子、半圆形桌子、平衡滑板、平衡跷跷板。	
训练环节		**注意事项**
训练步骤一:训练准备	播放音乐,给儿童进行四肢、腰背部、臀部、跟腱部放松按摩。 1. 在儿童上、下肢运用揉、按、推的手法,由上到下按摩,每次反复30次。 2. 手部握空心拳,用小指头和下泉眼位置在按摩部位重复快速地捶打,力量与停留时间适中和匀速。	康复训练师应该营造良好健康的氛围,语言优美柔和,语调抑扬顿挫、循序渐进,语气平和轻缓。

训练步骤 二：坐位 训练	对儿童进行长坐位、盘腿坐、椅子坐位训练： 1. 扶住儿童坐在地面上，两条腿分开，一只手扶住儿童胸部，一只手按住下肢，让下肢与地面平行。 2. 帮助儿童半盘腿坐在康复室地垫上，坐在身后辅助支持，轻轻摇动其身体锻炼，姿势调整，可用沙圈玩具吸引，使患儿躯干回旋锻炼动态平衡。 3. 帮助儿童坐在有靠背的椅子上，椅子高度以双脚着地为标准，再利用半圆形桌子将其固定住。	训练过程中应当注意孩子是否配合，在配合时，及时给予奖励，强化其配合行为；不配合时，训练师要有耐心，慢慢引导，运用语言、肢体或者玩具吸引其注意力，配以鼓励的语言引导孩子配合。
训练步骤 三：与儿童 做游戏	1. 坐位滑板 播放轻松音乐，帮助儿童坐在滑板上，双手扶住儿童腰部两侧，同时滑动滑板，可以帮助儿童双手拿住滑板两侧。 2. 平衡跷跷板 播放轻松音乐，一个康复训练师帮助儿童坐在跷跷板一端，另一个坐在另一端，一起玩跷跷板，高度以儿童双脚高度着地为标准。	使用平衡滑板、平衡跷跷板时，孩子第一次上去时要给予辅助，防止坐不稳而摔落下来；使用有靠背的椅子、半圆形桌子时，注意椅子和桌子边角要做好防护以免磕伤孩子。
训练步骤 四：儿童休 息放松	播放音乐，给儿童进行四肢、腰背部、臀部、跟腱部、关节放松按摩。 1. 儿童上、下肢运用揉、按、推的手法，由上到下按摩，每次反复30次。 2. 手部握空心拳，用小指头和下泉眼位置在按摩部位重复快速地捶打，力量与停留时间适中和匀速。 3. 给儿童上、下肢关节进行按摩放松。	完成本节课训练后，康复训练师首先告诉家长孩子本节课的具体表现，以及孩子这节课存在的问题。其次再说孩子的进步，及时收集家长的需求和反馈，告知家长需要与训练师配合，为下一次训练做准备。
训练后提升	儿童回家后让其坐在地垫上、桌面上玩玩具，以此训练坐位平衡能力。	
训练后反馈	1. 通过训练，儿童能够在辅助下保持坐位平衡，能够用手抓住脚保持平衡。在游戏环节中，能够在辅助下坐在滑板上双手尝试性地碰滑板两侧。 2. 利用多媒体、感统的工具，在训练和游戏环节中做坐位平衡力的训练。 3. 应当注意在游戏环节多丰富一下游戏的形式，吸引儿童的注意力，提高儿童的积极性。	

第九章　语言障碍儿童的感觉统合训练技术

感觉统合对儿童日常生活学习活动、心理健康、人际交往等有极大的影响。语言障碍儿童感觉统合失调会表现在这些方面：在人际关系上较差，无法与他人进行正常的言语交谈，说话不清晰，胆小，害怕，对陌生环境适应慢等。通过感觉统合训练，可以改善其感觉统合失调的状态，让语言障碍儿童能够适应社会环境，掌握生活技能。

第一节　语言障碍儿童的特点

一、语言障碍儿童的类型

语言障碍是指对口语、文字或手势的应用或理解存在各种异常，多由局限性脑或周围神经病变所致，包括构音障碍和运动性失语。

（一）构音障碍

构音障碍是由于神经系统疾病，与语言有关的肌肉麻痹或收缩力减弱，或者是因运动不协调等原因所导致的言语障碍，患者听觉和言语运动器官神经系统正常，仅在言语发声上出现困难，表现为说话时咬字不清楚，可分为以下情形：

1. 运动性构音障碍

一种发声和构音不清的言语障碍，由于神经病变与语言有关的肌肉麻痹，收缩力减弱或运动不协调所致，如脑瘫儿童的构音问题。

（1）痉挛性供应障碍

由于中枢性运动障碍导致自主运动出现异常模式，表现为发音增强，说话费力，有不自然中断、音量音调的变化、粗糙音、费力音、元音辅音歪曲、鼻音过重等现象。

（2）弛缓性构音障碍

由于周围性构音障碍，导致肌肉运动障碍，肌力、肌张力低下，肌萎缩。说话的过程中出现不适宜的停顿，发音气息或辅音错误，鼻音减弱等。

（3）失调性构音障碍

由于小脑系统障碍导致的运动不协调、肌张力低下、动作缓慢等。说话的韵律失常，声音高低、强弱、呆板，发音困难，说话的声音大，重音明显，语调异常，语音明显中断等。

（4）运动过多性构音障碍

由于锥体外系障碍所致，不随意运动增加，主要表现为元音和辅音歪曲、失重音，不适宜地停顿，费力音，声音强弱急剧变化，鼻音过重等。

（5）运动低下性构音障碍

由于锥体外系障碍，导致运动范围和速度受限，音调音量单一，重音减少，有呼吸音或失声现象。

（6）混合性构音障碍

由于运动系统的多重障碍，导致多种运动症状混合出现。

2. 其他类型的构音障碍

（1）器质性构音障碍

构音器官不存在运动障碍，而是由于形态异常产生了构音障碍，如腭裂等。

（2）功能性构音障碍

构音器官不存在任何运动障碍或形态异常，但发音表现异常，推测很大原因是语言环境不利。

（3）发声障碍

由于产生声源的喉头存在器质性或功能性异常，如喉癌、喉返神经麻痹等，导致发声器官的损伤而致发声困难。

（4）口吃

发音和发声不存在异常，表现为时常重复说话前的某个单字，不能流畅地说话，尽管口吃会有语音的歪曲，但其主要特点是话语的流畅性障碍，所以口吃属于流畅性障碍。

3．异常表现

（1）省略音

又称减音，在说话时，表达的语言中缺少一个或某几个音。在言语交往中表现某种语音成分被遗漏，如把[iu]发成[u]。有时由于个别的单音发不出来而在言语中出现缺少该音的现象，对言语交往由此产生的影响不大；有时是若干个音同时在语言中缺失，言语难以理解，产生交往困难，一般可采用言语矫治的方法，学会被遗漏的音。

（2）替代音

又称替换、代换，说话时把一个音用另外的音来替代，这两个音是在音位系统中的两个不同音位，个别的替换给语言交往带来的影响不大，但较多程度或较重的替换，可能会带来较大的交往困难。矫治方法为，学会被替换的音，把替换与被替换的音加以区分，熟练地运用到语言交流中。

（3）歪曲音

说话时把一个音发成近似或差别较远、在该语音系统中没有的音；有时歪曲音较多，构成在整个语言结构下发音含糊。

（4）赘加音

又称增音、添加音，说话时增加某一单音或音节。

以上情形均会影响正常语言的交流，常使听话者不能理解说话者所要表达的意思。此类缺陷在语言障碍中占有很大的比例，特别是在儿童语言障碍者中约占3/4。造成的原因有语言器官和神经系统上的，故又可分为器质性构音障碍和功能性构音障碍，可以矫治。除需要医疗或手术解决某些器质性或功能性的损伤外，大多采用教育训练的方法即可达到矫正目的，少数情况会随儿童年龄的增长和社会实践自然消除。经过言语矫正老师的个别指导和小组作业，多次练习后语言功能就可以得到矫正，但在这个过程中要调动儿童本身的积极性和家长主动性。

（二）运动性失语

运动性失语是由器质性脑病变引起的，在感受、运用和表达语言符号内容等方面的一种语言障碍。患者说话不流畅，语言理解不强。运动性失语随着语言学、神经学、心理学、生理学等与语言有关的学科发展而被分类，临床表现方面就有十几种类型，被广泛接受的基本分类有三种。

（1）以表达障碍为主的表达性失语。

（2）以接收、理解障碍为主的接收性失语。

（3）表达、接收均有障碍的完全性失语。

三、语言障碍出现原因

（一）缺少环境影响或影响不当

生活环境比较单一，或者长期受到忽视，缺乏锻炼和教育的机会。有的儿童被交给老人或保姆看护，他们很少与儿童进行感情交流，使儿童失去学习语言的机会。有些父母过于溺爱儿童，儿童不需要开口，他或她的各种需求就会得到满足，长期下去，儿童就养成了不爱说话的习惯。

（二）缺乏训练

儿童口语关键期1—3岁时未进行适时的语言训练。父母中有人比较内向，儿童也就少了一半的语言刺激，与父母沟通交流少，久而久之，出现语言障碍。

（三）智力和情绪因素

智力发展出现迟缓，必然导致与其程度相对应的语言发展的迟缓，无论是开始讲话的时间，还是对字词的使用，以及在语言发展的各个方面，都要比正常儿童慢一步。大多数情绪方面的问题，主要源于患者在人际关系方面难以与其他人正常交往，从而影响对语言的理解和表达。

（四）遗传因素

这种情况一般出现在晚开口情况的儿童家庭中，儿童晚开口或许因为遗传因素。专家建议，在儿童婴儿期，语言培养十分重要，因为语言是后天得到的，是学习一切知识的基础，因此父母一旦发现自己的孩子比同龄孩子语言发育慢，就应尽快去医院检查。如果智力和其他方面均正常，那么就要及时对儿童加强语言训练。让儿童开口说话的最有效的办法是父母营造一个谈话和交流的气氛，运用任何机会不停和儿童说话，用轻柔富有感情的语言给他讲故事，即便在多数情况下只是父母在"自言自语"也要坚持。和儿童说话的时候，家长不妨见机行事，诱导儿童表达自己的想法。如果他对父母的努力有回应，能够"咿咿呀呀"加上肢体语言来表达他的意思，父母可以及时送上拥抱作为鼓励。对于这些儿童，父母先不要在意他说得好不好，也别急于纠正他语言中的毛病，培养起孩子说话的自信心、使之体验到表达的喜悦比什么都重要。

（五）自身发育不足

儿童健康原因会导致自身发育不足，严重营养不良、脑损伤、脑功能不全等会影响儿童语言中枢的正常发育。复发性耳部感染或湿耳导致的听力受损，也会让儿童出现语言障碍。

第二节　语言障碍儿童感觉统合训练的问题及应对策略

语言能力是以先天遗传为基础，在后天与社会环境互动中逐步形成的。儿童语言问题主要有：说话晚、口齿不清晰、表达能力差等。语言能力包括听说读写四个方面，语音并不是一生下来就具备，它需要经过后天的训练才逐渐发展起来。大部分家长平时没有注重语言能力的训练，当孩子出现了说话大舌头、阅读困难、吐字不清、读书眼酸、写字杂乱等问题，家长才注意到孩子语言能力上存在问题。

一、语言障碍儿童感觉统合训练中存在的问题

语言障碍儿童感觉统合失调体现在与他人沟通困难、语言逻辑不通、书写阅读困难、学习能力差等方面，可能会严重影响儿童的健康成长，使他们心理素质较低，智力开发不足和综合能力欠缺，学习能力和性格上存在障碍，人际关系较差，胆小易退缩等。

（一）前庭平衡功能障碍

前庭系统无法正常运作，因此无法根据情况来调节辨别组织协调和平衡的感觉，会出现前庭功能失常影响体能活动。平衡能力差的儿童即使说话流畅，也很容易注意力不集中、话多、组织逻辑不严、爱重复已说过的话。

（二）本体觉障碍

动作拖拉、行动笨拙，大脑对声带、舌头、唇齿等肌肉控制不良，容易造成思维快于语言，形成大舌头、口齿不清、口吃等问题。

（三）视知觉与听知觉障碍

视知觉的处理，让我们能够辨别物体，观察物体，整合其他的感觉，尤其是前庭觉，儿童会发展出更精致的视觉空间处理能力，根据物体的状态来做出相应反应。出现视知觉障碍，会在阅读、学习、身体活动、情绪、社交等方面出现挫败感。经常看不清东西，写作的时候，对文字兴趣不浓厚，分不清方向，在辨别空间关系上存在困难。

存在听觉障碍的儿童可能会无法辨别声音的来源，对发音相似的拼音无法区别，容易产生理解错误；无法集中注意力听别人的声音，或者听不懂别人在说什么；听觉记忆差，记不住自己听过的话，无法集中精神来听，经常误解别人的意思，只听懂了一小部分，其他细节都没听懂；很难将自己想要说的话表达出来，让人听懂；无法变换音调，在朗读时难以用抑扬顿挫的音调读出；与他人交流存在困难，无法回应别人的问题和要求。

二、语言障碍儿童感觉统合训练问题的应对策略

有针对性地对儿童进行感觉统合训练，能够改善语言障碍儿童的交流困难问题。

（一）前庭平衡训练

为改善语言发育迟缓、语言表达困难、注意力不集中、方向感差、空间定位能力较弱、分辨不出相似图形或物体的情况，训练中要求儿童非常集中注意力完成协调性的动作，通过平衡木、平衡台、蹦床、旋转圆筒、

独脚椅等训练，锻炼大脑前庭平衡功能，促进语言发育。

1．韵律蹦蹦床

活动名称：韵律蹦蹦床。

活动目标：儿童在蹦床上大声说出歌曲的名字或用手指黑板上他选择的歌曲或韵律符号、诗词的代号；一边随着节拍弹跳，一边唱歌。

适用对象：语言障碍、肢体不灵活、容易摔倒的儿童。

指导重点：儿童在蹦床上弹跳产生强烈的前庭觉刺激；从黑板上选择歌曲刺激视觉辨别；伴着节拍一起跳跃，增进听觉辨别，改善身体协调能力；弹跳时刺激大脑的语言中枢，对语言发展有促进作用。

活动材料：

（1）蹦蹦床；

（2）用作保护的枕头或垫子；

（3）黑板和粉笔；

（4）儿童喜欢的歌曲。

活动过程：

（1）在蹦蹦床四周的地上放好枕头；

（2）训练师辅助儿童站上蹦蹦床，选择歌曲，并伴着节拍让儿童跟随节奏跳动；

（3）为增加视觉提示，在每一首歌的后面加上一个符号代码，如《小星星》后面画一个五角星，儿童在跳跃的同时大声说出歌曲的名字，或者用手指黑板上的名称或代号。

活动延伸：

可以在儿童蹦跳时与儿童进行交流，例如丢给儿童一样物品让其接住再抛回来；与儿童交谈。

注意事项：

随时观察儿童在蹦床上的情况，避免儿童从蹦床上不慎掉落受伤。

图9-1　蹦蹦床

2．网缆

活动名称：网缆。

活动目标：儿童在网缆上，做前后、左右、旋转的摆动，刺激前庭觉，改善平衡协调能力。

适用对象：前庭觉较差、触觉及动作计划能力发展不足的儿童。

指导重点：让儿童在网缆上有规律或无规律地摆动，在摆动同时做一些游戏活动，如插木棍的游戏。

活动材料：网缆、木棍、插木棍的盒子。

活动过程：

（1）儿童可取俯卧位或身体蜷曲仰卧位的方式在网缆中，在训练师的协助下推动儿童做前后左右的摆动或旋转。

（2）训练师要求儿童俯卧在网缆上，摇动的同时，做一些接抛物的游戏。

（3）或者让儿童做插木棍的游戏。在地面放一个盒子。盒子里面有木棍及插木棍的孔，要求儿童在摆动的同时，双手拿起盒子中的木棍插到盒子的孔中。

活动延伸：在儿童摆动的过程中，要求儿童与训练师一起说话，以此集中儿童的注意力，同时锻炼语言表达能力。

注意事项：

定期检查训练器材，防止在训练过程中出现意外情况；前庭训练在一定程度上较大刺激前庭器官，如果儿童有不适的情况，应立即停止训练。

图9-2 网缆

（二）本体觉的训练

大脑对舌头、嘴唇、声带的控制不灵活，容易造成语言障碍，如语言发育迟缓、发音不清、大舌头、口吃等，可以让儿童接受游泳、摔跤、拔河、跳绳、滑板、大滑梯、阳光隧道等项目训练，以及其他使肌肉紧张收缩的运动，这些有利于本体觉信息输入，对语言发展有着重大作用。语言能力发展还与口腔肌肉的训练有关，如家长在听到儿童哭时，可以适当让儿童哭一哭，让其感受自己不同的音调，使大脑神经和声带肌肉联系起来。

1. "跳房子"游戏

活动名称："跳房子"游戏。

活动目标：在跳跃过程中，儿童协调身体进行运动，熟练地运用自己身体。

适用对象：前庭感觉不佳、身体不协调、说话不清晰的儿童。

指导重点：在地面上画一个房子，要求儿童按照规则跳过去再跳回来，不同的格子需要用不同的姿势跳进去。

活动材料：粉笔、沙包。

活动过程：

（1）说明游戏规则：单个格子需要抬起一只脚，单脚跳进格子中且不出格或者踩到格子边缘的线才算成功，两个格子时需要两只脚分别跳进格子里，同样以不出格和不踩线为标准，跳到终点后要原路返回。再次出发时将沙包扔到相应次数的格子中，有沙包的格子要空开不能跳，当沙包扔到最后的房子里面时就算成功，扔沙包时要大声喊出所扔的数字。比比谁先完成。

（2）单个格子需要抬起一只脚，在地面上的脚保持平衡使身体不晃动，需要有一定的本体觉来协调身体；

（3）回来后，将沙包扔进相应的空格中，要控制自己的力量，才能准确扔进格子里；

（4）若跳的过程中出线则换下一个人跳；

（5）最先完成所有格子的人获胜。

活动延伸：上楼梯时，也可尝试使用跳跃的方式上楼梯。

注意事项：要注意安全，避免崴脚。

2. "我是小老师"游戏

活动名称："我是小老师"游戏。

活动目标：让儿童扮演老师，体验传授别人知识的过程，鼓励其开口说话，在教学的过程中可以有效地锻炼儿童的表达能力，减少因自身语言障碍而引发的失落感。

适用对象：不善表达、交流困难、语言障碍的儿童。

指导重点：儿童扮演老师，训练师、家长或者小伙伴扮演学生，就像在学校里上课那样。熟悉的人扮演老师，可以有效减少儿童的恐惧感和焦虑感；儿童开口说话减少社交的恐惧感；锻炼其语言组织能力。

活动材料：小黑板、粉笔。

活动过程：

（1）以儿童喜欢数学课为例，儿童扮演老师给"学生"们上课。

（2）上课内容为数字的加减法，儿童首先简单介绍一下这些数字之间的关系。

（3）用生活中的具体事物来举例，如"桌上有五个苹果，拿走了两个，还剩几个"。

（4）此时扮演学生的家长或儿童需要积极配合儿童，如果"老师"提问，扮演学生者需要勇于回答问题，或者"老师"在讲解的过程中有不通顺时，扮演学生者要在下面积极肯定"老师"，不要让他产生紧张恐惧的感觉。

活动延伸：在户外活动时，可以让儿童主动向警察叔叔或者社区工作者寻求帮助。

注意事项：儿童在面对较多人时，因为自身的语言障碍，不太容易表达自己的想法，再加上面对多人有恐惧感。此时应该积极肯定鼓励儿童，消除他内心的不安，让其勇敢地表达出自己的想法。

第三节　语言障碍儿童的感觉统合训练活动设计举例

一、语言障碍儿童感觉统合能力训练案例

案例主题	语言障碍儿童本体觉失调		
案例时间	2022年9月15日	**案例地点**	感觉统合训练室
案例对象	8岁语言障碍儿童		
案例背景	小晨（化名），男，5岁，出生于2017年8月12日。现在居住在一个县城中；父母的情况正常，无疾病史，在小晨出生以前积极备孕，小晨出生时各项指标都正常，身体的发育状况也和正常儿童基本相同，但是在语言发展的关键期，小晨的语言发展状况明显落后于同龄的孩子。小晨的语言主要是以词语和几个字的短句表达，同时有很多词语有着明显构音问题，而且，小晨在说话时缓慢费力，音拖长，偶尔中断；缺乏音量控制，单音调，音调低。据了解，小晨的爬行时间很短，很早就开始学习行走，导致小晨的体能较差，身体的协调性和灵活性较差，因此，小晨的本体觉较差。小晨婴儿时期以奶粉喂养为主，吸吮力弱，因此肌力弱。现在需要对小晨的本体觉和语言方面进行训练。		
教材分析	本次教材选用了杨霞老师的《儿童感觉统合训练手册》，本书详细介绍了儿童感觉统合能力障碍的由来，而且向我们详细介绍了如何对儿童的感觉统合进行训练，并且有训练要点、原则，以及技术等。		
教学目标	1. 提高小晨的体能。 2. 通过训练，提高小晨身体的协调性和灵活性。		

教学过程	1. 上课前，师生相互问好。 2. 训练师带领小晨环绕感觉统合教室跑8分钟，或者小晨环绕教室跑8分钟。 3. 训练师让小晨环绕感觉统合教室手脚交替爬行10圈。 4. 运球、接球、投球训练。训练师教小晨进行篮球的左、右手运球，然后交替运球，接篮球，并进行篮球投篮的训练。 5. 训练师让儿童进行单人平衡踩踏车训练。 6. 下课时，师生相互说再见。
教学评价	教学中的运动量对于儿童而言是非常大的，在儿童训练完一项后可以让儿童休息1—2分钟。 本训练主要是针对儿童的本体觉进行的训练，可以对儿童的体能进行增强，并且可以训练儿童身体的协调性，对于儿童的手眼协调等方面都有很大的帮助。
教学反思	1. 在教学中只有针对儿童的本体觉进行的训练，而儿童除了本体觉方面的问题外，还有语言方面的问题，在训练中应该多和儿童进行交流，并且让儿童学会在休息的时间方面与训练师进行"讨价还价"，刺激儿童的语言发育。 2. 在训练前，应该让儿童进行热身运动，防止儿童在训练的过程中受伤。

二、语言障碍儿童的感觉统合能力训练方案

个案基本信息	小晨（化名），男，出生于2017年8月12日，现在5岁。小晨出生时各项指标都正常，3岁以前生理发育和同龄人相差不多，因此父母也没有过于在意。小晨在1岁前主要是吃奶粉，因此小晨的口部肌力较弱，造成小晨的语言构音出现问题，说话时缓慢费力，音拖长，偶尔出现中断，缺乏对音量的控制，有的时候说话音调低。小晨学习爬行的时间较短，身体的协调性和灵活性较差，体能差。父母都是正常人，无家族遗传史，无疾病史。小晨在3岁以前和父母在一起生活，在3岁后的语言发展期，家长发现小晨存在语言的问题，于是将小晨送到康复机构进行康复训练。 在生活方面，小晨的性格较为内向，胆小怕生，从不和陌生人进行交流，喜欢吃糖、蛋糕等甜品。喜欢小动物。在其他方面，小晨的模仿能力较强，尤其是喜欢模仿动物的叫声。情绪行为和普通儿童一样，表现在脸部和行动上。 在家庭生活中，小晨是独生子，因此父母都很关心小晨，经常带小晨去动物园、游乐场。
评估工具	感统发展核对表。
强化物	喜欢的食物或者带儿童看小动物（猫、鸭子等）。

训练过程	（一）长期目标 1. 提高小晨的体能。 2. 通过训练，提高小晨身体的协调性和灵活性。 （二）短期目标 1. 体能 （1）可以环绕感觉统合教室跑8分钟，并且爬行10圈。 （2）可以环绕感觉统合教室跑15分钟，并且爬行15圈。 （3）可以环绕感觉统合教室跑20分钟，并且爬行20圈。 2. 身体的协调性和灵活性 （1）拍球训练 ①可以连续拍球10个，并且可以进行交替拍球10个。 ②可以连续拍球20个，并且可以进行交替拍球20个。 ③可以连续拍球30个，并且可以进行交替拍球30个。 （2）投球训练 ①可以进行投球进篮或者指定位置5次。 ②可以进行投球进篮或者指定位置10次。 ③可以进行投球进篮或者指定位置15次。 （3）踩踏车训练 ①可以环绕教室骑行5周。 ②可以环绕教室骑行10周。 ③可以改骑自行车环绕教室1周。 （三）训练实施 1. 体能训练 首先，训练师让小晨围绕感觉统合教室跑8分钟，在小晨跑步时，训练师追赶小晨，让小晨提高跑步的速度，刺激小晨的大脑兴奋。小晨跑完以后进行休息，带小晨看小猫，告诉他小猫跑步速度快，让他多跑步。休息的时间为1—2分钟。 其次，训练师让小晨手脚交替爬行，环绕感觉统合教室爬10圈；在小晨爬行的过程中训练师需要注意小晨是否出现同手同脚爬行的情况，如有出现则及时进行指导和改正。在训练的过程中可以让小晨选择喜欢的强化物。 2. 本体觉训练 （1）拍球：训练师教小晨蹲位拍篮球，先用左手连续拍10个，再用右手连续拍10个，最后使用左右手交替拍球，数量为10个1组。 （2）投球：让小晨将篮球投放在指定的位置或者进行投篮。投中5个。对于小晨而言，连续拍球有一些困难，因此需要训练师耐心指导，多对小晨进行语言鼓励，或者使用代币制的方式给予食物类强化物奖励，在课后进行奖励。 （3）踩踏车训练：训练师教小晨使用蹲位的踩踏车，手握脚步器两侧扶手，双脚交替用力蹬踏前进。围绕教室一圈为一组。进行5组。（后期改为用自行车进行训练）

训练后反馈	1. 训练量对于儿童而言是很大的，有时候儿童会产生抗拒心理，不配合训练，因此需要运用强化物对儿童进行诱导。 2. 在进行拍球、投球等本体觉训练时要根据儿童的能力进行训练。对于有的儿童，连续拍球是很困难的。训练需要根据儿童的能力循序渐进，由简单到困难。 3. 当儿童出现情绪行为时，如哭闹等，训练师应有应对的方式和方法。 4. 在训练中多与儿童进行语言交流，刺激儿童的语言发展。

第十章　情绪与行为障碍儿童感觉统合能力训练

　　情绪与行为障碍泛指行为在没有智力障碍与精神失常的情况下与所处的社会情境和社会评价相违背，显著地异于常态且妨碍个人对正常社会生活的适应。具体指：1. 既不是智力、感官残疾，也不是健康原因引起的学习低能。2. 不能与同龄人、伙伴、家长、教师建立或维持令人满意的人际关系。3. 正常情况下也会出现过度的情绪困扰和令别人难以接受的行为方式。4. 长期伴有不愉快的情绪，如沮丧、压抑感。5. 有无意识的抵触行为和不合群的孤僻感。

第一节　情绪与行为障碍儿童的特点

一、情绪与行为障碍儿童的表现特点

（一）智能特征

1. 情绪与行为障碍儿童多数学习困难。

2. 情绪与行为障碍儿童常常受情绪的困扰，无法在智力测验中表现出其实际拥有的智能水平。

（二）学业表现

1. 注意力分散。情绪与行为障碍儿童在学习过程中存在注意力不集中的问题，他们难以把注意力高度集中在学习内容上。

2. 容易产生习得性无助感。当他们学习跟不上时，情绪波动大，常常高度怀疑自己，主导情绪悲观，容易自暴自弃。

147

3．对合作学习以及其他学习活动反应淡漠，不会协作，主观意识强烈，常常歪曲教师和同学的意见。

4．对外部事件和与学习本身无关的事情反应过度敏感，常常因小事造成情绪、心理，甚至生理上的不适。

5．部分情绪与行为障碍儿童患有学校恐惧症，害怕上学，总是设法逃学、撒谎；有的害怕回答问题，不能与他人正常交流，不敢与人对视。重度情绪与行为障碍儿童大多数在基本的阅读和数学方面成绩特别差。

（三）外显性情绪与行为表现

1．打架斗殴，反复地出现攻击行为。

2．经常冲动和缺乏自控，喜欢乱喊乱叫、无理取闹、爱发脾气和抱怨。

3．用言语或武力的方式胁迫同伴、欺负弱小同学，常被排除在同伴活动之外。

4．逃避要求或任务，经常说谎、强词夺理、争辩、不服从命令、不听从教师的教导、对纠错没有反应。

5．无视组织纪律、损坏公物、有偷盗之类的不良行为和反社会行为。

6．学习态度很不认真，不完成作业，学习成绩差。

（四）内隐性情绪与行为表现

1．经常性忧伤、沮丧和无价值感。

2．经常出现幻觉，经常无法使思维摆脱某种错误的观念。无法克制自己做一些重复的和无用的行为。

3．喜怒无常，在某种情境下经常出现怪异的情感。

4．由于恐惧或焦虑，经常伴随头疼或其他身心疾病（例如胃痛、恶心、头晕、呕吐等）。

5．曾有过自杀的想法和言谈，过分关注死亡。

6．对学习和其他一切活动兴趣很低，多半学业不良。

7．常被同伴忽视或拒绝，或遭受过分的嘲笑、攻击和侮辱，但反抗性差。

二、情绪与行为障碍的类型

（一）外化行为与内化行为

外化行为是指表现出攻击行为。内化行为是指心理或情绪冲突，例如抑郁、焦虑。我们在学校常看到儿童的一些内化行为：上课时集中注意力的时间短，难以关注教师的讲课内容。而一些校园常见的外化行为有打架、破坏自己和他人的物品等。

（二）焦虑的情绪特征

焦虑情绪主要表现为害怕、担忧和不安。例如，对某种物体或某一情境表现出不现实的害怕。还会出现一些生理反应，如心跳加速、眩晕。再比如，一些儿童会陷入过去受伤或挫败经历的负面感受之中。

（三）情绪障碍

情绪障碍，是指极端反常的情绪，包括极端的沮丧或者亢奋，或者有时候两者同时具备。例如，儿童体验到悲伤和无价值感，或对玩耍、交际和学习失去了兴趣。也有部分儿童表现出身体的不适。少数情绪障碍程度较重的有时会体验到一种极度的沮丧，但有时又能体验到一种在思想和精力上的躁狂或激动。

（四）对抗挑衅

对抗挑衅型的情绪或行为，是一种消极的、敌对的模式。例如，儿童会表现出爱发脾气，以及会对抗家长的要求。或者过于敏感易怒，报复性强。其他表现还有：说脏话，对他人的错误过分指责。

（五）行为障碍

行为障碍，是一种稳固而持久的反社会行为模式，会严重影响到学校、家庭和社会生活的机能，包括亢奋、尖叫、固执、忧郁、爱争吵、喜欢嘲弄别人、冲动、喜欢攻击别人、易发怒生气、大声喊叫、喜欢自夸吹牛、诅咒责骂别人、无礼莽撞、撒谎、破坏东西等。

第二节　情绪与行为障碍儿童感觉统合能力训练中存在的问题及应对策略

儿童在6岁以前一般还无法以抽象的概念来认识与学习，必须凭借实际的感觉来认识与学习，所以他们必须不断地以身体及四肢的动作来增加感官及运动的经验，而这种身体及四肢动作的有效运作则是以大脑的调控和整合为基础的。赵亚茹等研究发现儿童行为问题与感觉统合失调关系密切，经过感觉统合训练后，儿童的行为问题可以得到明显的改善。

一、情绪和行为障碍儿童感觉统合训练中存在的问题

（一）前庭平衡功能

表现为好动不安，注意力不集中，不配合训练师的活动。例如在海洋球池的训练中，儿童会难以控制自己的行为，出现将球扔出球池或扔向他人的攻击行为。运用游戏式的运动控制感觉的输入，从前庭系统、肌肉关节及皮肤等刺激的感觉输入，并让儿童做出适应性反应。训练中大量前庭刺激的输入，使前庭功能得以改善，儿童的消极行为、多动、注意力不集中、情绪不稳、社会退缩改善等行为与情绪问题相应减少。

（二）本体觉功能

主要表现为手眼不协调、手耳不协调、身脑不协调、脑口不协调。本体觉影响神经系统的兴奋状态，本体觉的信息输入能够让人取得情绪上的稳定。因此，在训练中，情绪与行为障碍儿童容易出现不听从指令、逃避任务、反应过慢、肢体不协调等问题，需要训练师创造良好氛围，增强儿童的合作意识，组织健康向上的集体活动，培养儿童独立学习和操作的能力，采用鼓励、奖励等正强化方法以及拥抱、微笑等社会性强化方式矫正他们的行为。

（三）触觉功能

表现为不喜欢触摸、爱发脾气、不敢与别人接触和玩耍。在感觉统合训练中容易出现自娱自乐、拒绝与其他小朋友玩耍等行为。例如，在合作滑滑板的活动中，儿童不时会偏离方向，有的儿童推动另一名儿童的动作幅度过大，训练师要及时提醒和纠正，避免造成伤害。训练师要引导儿童开展各式各样的活动，通过建立伙伴间的友谊发展他们的社会性情感；调整授课内容和教育方式，使教育更富有活力和感染力，提高他们的学习兴趣，教会他们掌握正确的、适合他们的学习方法，最大限度地挖掘他们的潜能和学习、生活的积极性，提升其自信心。

二、情绪和行为障碍儿童感觉统合训练问题的应对策略

（一）训练目标

情绪和行为障碍儿童感统训练的主目标是促进该类儿童各种感觉能力，帮助幼儿身心健康发展，培养良好的行为习惯，强化其感觉认知行为间的整合能力，提高儿童的注意力并且帮助儿童进行情绪调节，促使儿童能够有效地控制自己的情绪。

辅目标是帮助儿童建立兴趣，促使儿童缓解心理压力，提升儿童与他人的沟通能力，从而保证儿童能够控制自己的情绪，培养良好的行为习惯。同时，发掘幼儿的身体潜能，促进孩子四肢肌肉发展，培养孩子的专注力，训练幼儿的触觉、前庭觉和本体觉等，使儿童身体强壮敏捷，头脑反应迅速，培养孩子的手眼协调能力，开发大脑，提高感觉统合能力，提高综合素质，培养幼儿自信乐观的性格，帮助失调幼儿重新获得身心健康。

（二）训练内容

情绪与行为障碍儿童感统训练的内容以前庭觉、本体觉和触觉为主，特别是对前庭觉的训练。各种训练尽可能整合认知、言语、规则及文化知识。在训练初期要适当增加不同训练内容的转换，确保大脑尽可能地、长时间地保持较高的唤醒水平。随着训练水平的提升，逐步增加单一训练内容的时长和难度。

（三）训练活动

1. 触觉训练

（1）训练名称：球池游戏。

（2）训练器材的准备：球池和海洋球。

（3）训练项目

海洋球淹没式训练。儿童躺进球池内，保护好自己的五官不受到球的干扰，然后训练人员向儿童身上放球，直到儿童被海洋球全部淹没为止。

飞球闪躲式训练。一儿童坐于球池内，对面一人向儿童扔海洋球，儿童需要迅速地躲开扔来的海洋球。

浑水摸鱼式训练。儿童寻找球池内掺杂的5—6个目标球（如小号按摩球、排球或网球等）。儿童取站立位或坐位，闭眼或戴眼罩进行训练。儿童先在池内翻搅，然后在翻搅海洋球的过程中，凭借触觉寻找目标球并逐一捡出。训练师实时提示目标球的方位，以提高儿童完成目标搜寻的成功率。

（4）训练技术要领

①训练师每示范或描述一个动作要领和技术要求，儿童随即投入训练。

②训练师一次给出多个指令后，儿童再开展训练。

2. 前庭觉训练

（1）训练名称：荡吊缆。

（2）训练器材的准备：吊缆。

（3）训练体姿：儿童在吊缆上的体姿可有多种，如取横向腹趴缆面，则要求儿童上下肢尽力伸直与躯干水平；其他体位注意两手抓握缆边或吊缆的支撑杆。

（4）训练项目

仰卧左右摆荡式训练：6—7岁以上儿童可尝试仰卧自然屈体，双手抓握在缆的横杆上，训练人员推动儿童臀部或肩部左右摆荡。

坐荡式训练：儿童臀部及大腿大部分坐于缆上，手握缆杆，训练人员于儿童背部助推其前后摆动。

骑荡式训练：儿童跨缆面骑坐，训练人员持缆杆助推，使儿童左右摆。

（5）训练技术要领：首先，训练师协助儿童趴或卧于吊缆上，吊缆系于儿童骨盆至腹部，并确保缆面舒展。训练师手握缆杆左右前后晃荡，或手持儿童脚前后运动，腹趴时，训练师用言语提示儿童尽力保持上下肢伸直，头部微翘，全身肌肉放松，特别是面部；发指令要求儿童睁眼环顾与闭眼感受交替进行，或言语表达前、后、左、右、前荡、前摆、大摆等，儿童取腹趴位训练时，需要训练师协助才能顺利置身缆面，注意身体支点在身体上下位中间，稍微近头部防止活动时儿童头朝下翻落。儿童仰卧位时须闭眼或用手护眼。在儿童不能坚持时，适时下缆休息。可延长缆绳，降低缆面，防止发生意外。

（四）注意事项及处理

1. 注意儿童出现情绪与行为障碍的原因。不同的患儿出现情绪与行为障碍的原因各有不同，如果想要获得最佳的治疗效果，在生活中最好可以重视孩子的情绪变化以及个人心理状态。其中常见会导致儿童出现情绪与行为障碍的原因有心理原因、缺乏家庭关爱、学习压力过大等。

2. 注意儿童的心理状态。不良心理是导致儿童出现情绪与行为障碍最关键的因素，所以在面对相关问题的时候，家长一定要重视。及时使用倾诉、行为治疗、心理治疗等方式让孩子可以远离情绪与行为障碍的伤害。

3. 重视教育方法。部分家长由于不了解科学的教育方法，因此在面对儿童的时候会使用逼迫、暴力等方式，而这些做法对于儿童的心理影响是极大的，所以在生活中必须重视教育方法。

4. 注意家庭关系。良好的家庭关系是帮助儿童远离情绪与行为障碍的关键，所以家长在生活中必须要注意家庭关系，父母最好不要在儿童面前吵架等。

5. 如果儿童出现了情绪与行为障碍，对于儿童的成长影响是极大的，所以家长一定要重视治疗，让儿童可以快速远离伤害。而如果情绪与行为障碍的问题过于严重，甚至因为情绪与行为障碍的原因严重影响到儿童的精神状态、学习、生活等，最好可以及时使用科学的方法进行治疗。

6. 当儿童的问题情绪与行为是个体本身不足的原因造成的，则可以改变个体行为本身，旨在形成恰当的行为代替问题行为，通常可采用渐隐、模仿、塑造、自我肯定、自我指导等方法。

7. 可以通过改变和调整引起个体产生问题情绪与行为的时间、地点、人物等条件来矫正儿童的不正当情绪与行为，具体可以采用认知行为疗法、相互抑制法、系统脱敏法等。

8. 如果情绪与行为是由行为的后果维持的，则可以通过改变个体行为的后果来矫正儿童的问题情绪与行为，可采用惩罚法、消退法、正强化法、负强化法、系统脱敏法等。

9. 特殊儿童在接受教育的过程中，存在情绪感受严重脱离现实的现象。他们往往以一种妨碍教育解决问题的操作和自我表现挫败的方式应对外界事件，这就叫作情绪障碍。因此，要针对特殊儿童的情况对其情绪发泄加以观察，同时设计方案、制订计划以改变其严重的行为。

第三节　情绪与行为障碍儿童感觉统合能力训练活动设计举例

一、情绪与行为障碍儿童感觉统合能力训练案例

案例主题	前庭觉训练		
案例时间	2019年12月1日	**案例地点**	感统训练教室
案例对象	睿睿（化名），男，2016年出生，3岁左右被评估为情绪与行为障碍，伴有言语发展迟缓，至今在服用药物。该儿童在幼儿园时主要表现为：上课不遵守纪律，晃动椅子，经常惹同桌及前后的同学，注意力不集中，东张西望，但老师批评或暗示后可以暂时集中注意力和停止问题行为；在进行教学活动的时候，安坐能力不好，只能维持十分钟左右，对于老师在教学中提出的问题能够积极举手回答问题，可以积极参与活动，但容易被外界事物所影响，小动作比较多，例如闭眼、低头、弯腰、挪动椅子、晃动身子等行为，会离开座位，在教室里奔跑，自言自语，在做作业时容易与小朋友发生抢夺文具，例如铅笔、水彩笔。遇到想做的事情父母不能满足他时，便大喊大叫，甚至在地上打滚，乱摔东西，此时精力显得特别充足。		
案例背景	家庭条件较好，爸爸是一名教师，妈妈是一名医生，儿童周一至周五的早上在融合幼儿园进行学习，下午则在康复机构进行个人训练。在家庭教养方式上，爸爸主要负责该儿童学习和生活，爸爸较为严厉，看到孩子好动、发脾气，烦了就骂，急了就打；妈妈则对孩子过于宠爱，只要孩子要赖，妈妈一定会满足孩子的要求。家长希望能够改善该儿童的问题情绪与行为，提高该儿童身体的平衡能力和动作的协调性。		

续表

教材分析	感觉统合训练包括前庭、本体和触觉刺激的活动。训练中训练师指导儿童参与各种活动，这些活动是对儿童能力的挑战，要求他们对感觉输入做出适应性的反应，即成功的有组织的反应。新设计的活动要逐渐增加对儿童的要求，使他们有组织地反应和更成熟地反应。在指导活动的过程中，重点应放在自动的感觉过程上，而非指导儿童如何做反应。在一个学习活动中，涉及的感觉系统越多，训练的效果越好，可以提高学生前庭觉机能，发展学生的平衡能力，从而建立儿童的身体协调以及双侧统合，增强儿童腰腹肌和下肢肌的力量。
教学过程	一、热身活动 1. 手腕、踝关节运动。 2. 体转运动。 3.《欢乐跳》律动音乐。 结合放松训练进行全身性的准备活动和下肢关节肌肉的准备活动，提高个体的整体水平，防止肌肉、关节在训练中受损。虽然热身是准备活动，但是实质上已经开始了身体肌肉、协调能力的训练。 二、训练环节 训练项目一：太空舱旋转大陀螺 目的在于练习孩子双手协调能力，自我控制力，主动探索能力，增强手臂力量，提升视觉空间异位感。对固有前庭感觉的输入和调整有很大的帮助，有助于平衡和姿势的健全发展。同时，身体的肌肉受到较强烈的刺激，使身体形象概念更加强化。 训练项目二：花样走S形平衡木 通过在限制范围的平衡木上活动，可以强化身体的双侧配合、平衡反应和视觉运动协调。 训练项目三：蹦床达人 通过在蹦床上趴、蹲、站，训练身体平衡感、协调性及触觉，有利于情绪掌控。 三、身体放松 律动歌《欢乐跳》。
教学评价	通过多种训练形式交替进行，增加训练的趣味性，避免重复带来枯燥而导致训练的效率下降，增加了注意力的稳定性、抗干扰性、集中性。 根据儿童的反应，适度降低训练的难度，等到儿童能适应训练后，逐渐过渡到辅助或主动训练，从而增强儿童的自信心，提高儿童的兴趣，减轻儿童心理紧张感。 在花样走平衡木的训练中，通过有意识地尝试竞赛式训练，增强了儿童参与活动的积极性，极大地提高了儿童注意能力的发展。

续表

教学反思	一、训练获得成功之处 1. 课堂气氛非常活跃，充分调动了儿童的积极性。注重发展了儿童的运动能力、遵守规则的意识，从儿童的学习表情、学习行为和参与度来看，很好地引起了儿童的兴趣，也让儿童保持一定的关注度。 2. 训练内容编排合理，针对儿童的不足和现有能力，编排切实可行的训练内容，让儿童在训练中既不会感觉太难而放弃，也不会感觉太简单而失去兴趣。 3. 通过训练达到了康复效果，提高了他们的运动能力，改善了儿童的前庭平衡能力。 二、训练还需特别注意之处 1. 情绪与行为障碍儿童存在冲动行为，不能有效控制自己的行为，在合作活动中经常会偏离主题，需要监督，有时儿童动作幅度较大，教师要及时提醒或纠正，避免伤害到自己和他人。 2. 由于儿童存在注意力缺陷和认知行为冲动问题，所以在训练过程中可能会频繁出现突发性难点，训练活动时断时续，缺乏连续性，在训练实施过程中应变力有待提高。

二、情绪与行为障碍儿童感觉统合能力训练方案

训练对象	情绪与行为障碍儿童
个案情况	睿睿，男，2016年出生，被评估为情绪与行为障碍，伴有言语发展迟缓，说话时语速较快，性子比较急，存在表达漏字、吐字不清晰的现象。该儿童在前庭方面存在异常。运动水平较低，但耐力强，平衡感较差，手脚不灵活，肢体活动不协调，例如拍球走路比较困难，该儿童对于跳跃的活动有待加强；有较好的劳动能力和较强的自我服务意识。在进行教学活动的时候，注意力不集中，容易受身边事物的影响；安坐能力不好，只能维持十分钟左右，小动作比较多，例如闭眼、低头、弯腰、挪动椅子、晃动身子等行为，经常在上课时离开座位，喜欢在教室里奔跑，自言自语。家庭条件较好，父母学历高，妈妈是医生，爸爸是大学老师，工作都比较忙。平时由爸爸负责该儿童学习和生活，爸爸比较严厉，妈妈过于宠爱。导致该儿童情绪与行为障碍的原因是父母教育态度截然不同，父亲太严，母亲则太宠溺。
评估工具选择	《情绪与障碍SAED评定量表》《康纳斯行为评定量表CRS-R》
强化物选择	满五个贴纸兑换零食或看动画片2分钟。

训练目标	**长期目标：** 1. 加强儿童的平衡能力和肢体协调能力，促进前庭觉能力的完整。 2. 促进言语神经的健全，改善儿童容易分心、注意力不集中的问题，增强抗干扰的能力。
	短期目标： 1. 能够双手交替拍球并绕行障碍物。 2. 能根据要求双脚平起平落跨越障碍物。
	具体目标：通过全身准备活动、旋转大陀螺、S形平衡木及蹦床，有针对性地训练培养儿童身体各部位协调与平衡感，提升儿童的自尊心和自信心，缓解儿童的心理压力。
训练器材	大陀螺、S形平衡木、蹦床、鼓。
训练过程	一、训练的准备活动 训练师将儿童带到感统训练室，与儿童进行互动，进行师生问好。"睿睿，早上好。""老师，早上好。"训练师提示："我们接下来要去做一些有趣的活动，现在要活动活动我们的身体，睿睿跟着老师一起做。" 1. 手腕、踝关节运动 自然站立，双手对握，后撤右脚一小步，脚尖点地，扭动手腕和踝关节，25秒后换脚。 2. 体转运动 双手与肩部平行做左右转动。 3. 律动歌《欢乐跳》，根据歌词做出相对应的动作，跺脚、拍膝盖、拍手、抖肩、扭屁股等。例如，可参照以下素材进行训练准备阶段： 嘿，小脚 我们踏踏小脚 嘿，膝盖 我们拍拍膝盖 嘿，屁股 我们扭扭屁股 嘿，肩膀 我们抖抖肩膀 （二）训练的注意事项 （1）观察并询问儿童的身心状态，训练师可以面带微笑，用舒缓的语气先与儿童互动，拉近距离，转移儿童注意力。 （2）做动作时注意观察儿童的反应，及时给予强化，如"好棒，和老师做得一样""你做的动作可真标准""真棒，你在认真听老师说话"。 （3）要针对训练项目进行热身，身体充分活动，避免训练中受伤。

训练过程	二、训练项目 （一）太空舱旋转大陀螺训练 1. 训练姿势：盘腿坐在大陀螺上。 2. 训练动作要领：大陀螺自然放在地面，儿童一个人盘腿坐在大陀螺凹陷处，双手紧抓大陀螺边缘，凭借自己胳膊和腰部力量，头部慢慢靠近大陀螺边缘，稳住身体。训练师在一旁双脚呈外八字放在陀螺底下，保持陀螺平衡辅助其旋转，适当摇晃陀螺，速度不能过快，约3秒左右转一圈即可。先向左转5圈，再向右旋转5圈。儿童适应后，儿童尝试自己旋转。如果不成功，训练师辅助，使其完成任务。要保证陀螺至少转三圈。 难度调节与变式：脱离训练师辅助，儿童自己旋转五圈以上。 3. 训练技术要领：儿童坐在陀螺内被动感受，训练师以不同频率、幅度、角度前后左右晃动大陀螺，在训练师的间隔助推下，儿童因身体惯性驱动陀螺持续旋转期间注意调控旋转速度、节律、旋转时长等。 （1）先进行180°左右摇晃，速度不宜太快，力度由轻到重。 （2）后进行360°旋转，旋转速度由慢到快，可左右方向交替变化。 训练的注意事项： 1. 注意儿童旋转的时间，注意保护儿童，防止碰到大陀螺边缘。 2. 注意观察儿童反应，出现身体不适或者儿童情绪过于紧张、兴奋，应将旋转速度减慢或停下来。 3. 当儿童表现出倦怠、懒散，训练可能半途而废，训练师要及时关注并采取鼓励措施来帮助儿童建立自尊心和自信心，例如，可以对儿童说："好棒，坚持住，非常厉害哦。" 4. 儿童在训练中还会出现情绪障碍，训练师要适时给予行为或心理支持，例如，可以对儿童说："我们不喜欢，一会再做吧，我们先玩一个自己喜欢的。" （二）花样走S形平衡木 1. 训练动作 儿童保持身体直立，双臂抬至侧平举，行走过程中保持抬头，双眼目视前方，双脚沿着平衡木交替前行。儿童根据训练师示范，从平衡木一端走到另一端，行走时根据鼓点声的快慢频率，变换行走。中途掉落平衡木，则回到起点重新开始。 2. 训练姿势类型 （1）拖步行走。即要求儿童先一只脚行进，然后其另一只脚轻触支持面拖动跟进。该姿势的难度调节与变式为要求儿童睁眼前行、睁眼倒行、闭眼前行、闭眼倒行。 （2）交替行走。即要求儿童双手举平，抬头目视前方，脚跟并脚尖走过平衡木，两脚交替匀速向前走。熟悉后可以要求儿童睁眼前行、睁眼倒行，双手举平，抬头目视前方，脚跟并脚尖倒过平衡木。

训练过程	（3）踮脚尖走。即要求儿童踮脚尖交替走或拖脚走。该姿势的难度调节与变式为要求儿童前跨步行走，两脚交替加大步幅行进。 （4）高抬腿走。即要求儿童抬高腿（膝关节呈90°）行走。 3．训练技术要领 （1）训练师通过指令调控儿童的行进速度以及行进方向，如正常行走项目中，训练师快速下达反向行走指令，或改进行走速度指令。 （2）儿童行走中同时回答训练师的提问。如儿童跨步行走时，回答训练师口述的脑筋急转弯题目。 （3）在练习前，儿童先要在平地上向前行走，且双脚走在一条直线上，然后再上平衡木进行练习。 （4）在平衡木上行走时，先双手抱手臂进行练习，等走稳以后再尝试双手侧平举走平衡木。 4．训练注意事项 （1）平衡木的行走形式较多，容易出现心理疲劳，在儿童掌握操作要领后，儿童可自主改变训练形式，以此来增加儿童的活动兴趣或适当地穿插娱乐项目，如看动画片来缓解疲劳。 （2）训练师可与儿童尝试竞赛式训练，增强儿童的积极性，提高儿童的注意力。 （3）训练师应给予及时的语言鼓励，用温和的语气和语调给予儿童自信心，减轻儿童的心理压力，如"不要着急，慢慢来，我们想一想再做"。 （4）儿童易受外界环境的影响，如外界声音或训练师的对话，需要注意观察儿童，及时给予言语（叫名）或非语言（手势）支持，使儿童的注意力回到训练中来。 （5）儿童完成闭眼训练项目时，训练师给予儿童近身防护或间歇性支持，避免摔倒受伤，儿童的动作幅度较大时，训练师要及时提醒或纠正，避免伤害到自己或他人。 （三）蹦床达人训练 1．训练姿势：趴、蹲、站（单脚、双脚）。 （1）趴：儿童先趴在蹦床上，训练师颤动蹦床，让儿童感受一下蹦床颤动感。 （2）蹲：儿童蹲着在蹦床上跳，持续一分钟。 （3）站：让儿童睁着眼站在蹦床上跳，持续一分钟；让儿童单脚跳到蹦床上，然后再跳下来，持续一分钟。让儿童双腿并拢，自然站立在蹦床上，抬头目视前方呈准备姿势，随后双脚同时发力，借助蹦床的弹性进行连续的跳跃。每一个小环节结束后应给予强化。 2．训练技术要领：训练师持儿童单手或双手让儿童独立在床面上完成下蹲上跳动作，跳跃方式包括双腿跳、单腿跳、左右单腿轮跳。视觉状态分为睁眼或闭眼，上肢姿态多变，可上/前/侧平举、抱头、交叉胸前等。

训练过程	（1）训练师为儿童提供近身保护或扶持儿童完成相关动作，须做好安全防护工作，消除儿童心理紧张，避免儿童从蹦床上滑落。 （2）根据儿童的表现及时调整训练强度，儿童在蹲着跳的时候会有困难，对其多进行语言鼓励；在睁眼单脚跳的时候，可能会不稳，对其做好保护措施。 （3）训练师下指令时准确简洁，训练过程中及时给予强化和鼓励，提高儿童的积极性。 （4）检查稳固螺丝，排除周边障碍物，避免儿童无意识跃出床面。 （5）训练结束后引导儿童做身体放松活动，引导儿童收拾器材，打扫场地。
训练后提升	1. 根据家庭及儿童具体情况，可以让家长及时了解训练内容，在家上下台阶时训练，辅助儿童双脚跳台阶。训练时对儿童进行有针对性的指导，不用过长，注意不要强迫，尽量使教学内容在家中得到延伸，在配合的情况下进行。 2. 在社区或公园等有条件的地方，进行独木桥练习，注意安全。
训练后反馈	1. 儿童很好地完成了这次的教学目标，如在蹦床训练中，儿童在训练师耐心的指导下实现从一开始的趴、蹲、单脚站到最后能双脚跳的快速进步。 2. 儿童在教学中配合度高，在训练师示范后可以较快学会教学内容。但动作大多都不规范，需要进一步监督和给予辅助。 3. 教学工作仍然存在很多问题，在与家长的交流工作中，家长提出问题，在解答方式、解答内容上都应该加强。另外感统教学时间短，教学经验不够多，教学理论不足，也是下一步重点提高的地方。

第十一章　特殊儿童家庭辅助性感觉统合训练技术

家庭辅助性感觉统合技术主要以家长为主导，以特殊儿童为中心，利用家庭中的常见生活用品，自制活动器械，家长与儿童一起做游戏，通过游戏训练儿童的各种感觉统合能力。其具有简单易行、经济实惠、实效性强等特点。

第一节　特殊儿童家庭辅助性感觉统合训练的基本原则

一、快乐性原则

感觉统合训练最重要的是让儿童在活动与游戏中感到快乐。这是儿童接受感觉统合训练的基础。在训练当中，要让儿童感到愉快而不是感到有压力和恐惧。感觉统合训练就是要培养孩子的兴趣，使他们在训练过程中获得自信心，并由原来焦虑的情绪变为愉快的情绪。

基于此，应该为儿童创建丰富多彩的室内活动场地，在游戏中进行快乐训练。最容易造成感觉统合训练失败的一个因素是孩子拒绝参与。所以，游戏的布置要丰富多彩、活泼有趣，而且要适合孩子的年龄、性格等特点，使孩子乐于参与。当孩子能自发地投入活动中时，看似简单的活动也可以发挥促进感觉统合能力发展的重要作用。

二、儿童主体性原则

训练中儿童是主角，要尊重儿童对感觉刺激的需要和选择。每个参与训练的孩子情况都不太相同，因而进行感觉统合训练的内容要根据孩子们的基础水平情况去选择。应给儿童自由选择项目的权利，从自选动作过渡到规定动作，以此调动他们参与的兴趣。首先应找到儿童可以自己尽力、尽情玩的活动。在训练过程中，指导者要在对儿童的感觉统合状况进行准确评估的基础上，精心设计出可以让儿童尽力、尽情玩的活动，让儿童感觉到既容易做到又愿意去做。同时，训练内容的设计要与感觉体系相关，这样才能逐步培养儿童身体活动的基础能力，提高儿童身体和大脑间反应的协调性。

三、积极反馈原则

积极反馈原则要求训练师在训练过程中给孩子以积极的反馈，边训练边了解孩子对训练项目的感受，加强亲子沟通；同时与家长分享孩子成功的喜悦。对年龄小的儿童，要用引导的方法与他们沟通互动，以此帮助他们体验各种活动从而达到训练目的。

四、适度与安全性原则

训练内容与形式要因人而异。由于儿童感觉统合失调严重程度不一样，即使是同等程度的儿童其失调的类型也是不同的，因此，训练中一定要根据儿童的年龄、接受能力和失调状况等进行合理的内容和形式方面的安排。在训练过程中，可根据孩子的具体情况（体能、技能、兴趣以及注意力等）进行适当调整。让孩子掌握各项目动作要领，注意安全，避免受伤。

五、家校合作原则

家校合作原则要求在训练过程中，对孩子的态度要重鼓励、奖赏，避训斥、体罚，多表扬、少批评，家长与老师分享孩子成功的喜悦，以便老师及时关注孩子的进步与成长。家长和老师通过感觉统合训练和表扬，加强对孩子意志品质的培养，培养他们的团队精神和各种优良品质，使他们感到自信、快乐，使身心健康发展。

第二节　特殊儿童家庭辅助性感觉统合训练的主要项目及其训练方法

一、触觉训练项目

触觉体系的感觉统合运动，重点在于加强皮肤的各项接触刺激，以修正前庭有关触觉的抑制和运动能力，使大脑的处理能力和身体的触觉神经建立起协调、良好的关系。主要适用于触觉过分敏感或者过分迟钝、情绪不稳定、容易发脾气、挑食和偏食、喜欢吃手指或咬指甲、害怕陌生环境、不喜欢被搂抱以及怕黑、胆小、"黏人"和身体协调能力不好的幼儿。

二、前庭觉训练项目

前庭觉是综合判断头部位置和身体变化的综合性感觉，有助于人的头、眼、四肢和身体相互协调做出一系列动作。前庭觉的协调又称为前庭平衡，前庭平衡不良会造成身体控制不良。通过给前庭器官各种不同程度的刺激，使调节姿势反应的前庭功能正常化，在孩子接受触觉刺激的同时，有助于其他感觉的统合。前庭功能对大脑整体功能起着重要的作用，刺激前庭功能的训练项目在知觉运动训练中得到广泛应用。

前庭固有感觉的加强，有助于幼儿平衡感与重力感的发展，适用于身体协调不良、触觉敏感或不足，甚至有自闭倾向的幼儿。

三、本体觉训练项目

本体觉是指人对自己身体的感觉，例如，对大肌肉和小肌肉的控制、手与眼协调、手与耳协调、身与脑协调以及动作灵活性等。本体觉训练项目适用于动作协调能力差、笨手笨脚、做事拖拉磨蹭、语言表达能力差、缺乏自信、消极退缩以及不敢表现的幼儿。另外，因为控制小肌肉和手与脑协调的脑神经与控制舌头、嘴唇肌肉、呼吸和声带的神经是相同的，所以，本体觉不足的孩子，大脑对舌头、嘴唇和声带的控制不灵活，容易造成言语障碍，如言语发育迟缓、发音不清和口吃等。

第三节　特殊儿童家庭辅助性感觉统合训练游戏活动设计

一、触觉训练游戏活动

训练名称	训练目标	适用年龄	工具准备	训练时间
搓澡	让孩子感受不同材质的触觉体验，提高幼儿的耐受能力。	1—2岁	一条毛巾	15分钟
训练过程	给幼儿洗澡时用毛巾轻擦孩子的背部，从上到下、从左到右，按顺序擦，也可转圈式地擦，然后擦幼儿的前胸、手臂以及腿等部位，每擦到一个部位，就告诉幼儿该部位的名称。			
注意事项	由轻到重，必须考虑幼儿的承受能力，如果幼儿刚开始不愿配合，可让他自己先试试。			
训练延伸	用其他材质的材料来尝试，比如海绵。			

训练名称	训练目标	适用年龄	工具准备	训练时间
挠痒痒	通过游戏提高孩子的触觉耐受能力。	3—6岁	一个软毛刷	10分钟
训练过程	家长一边念儿歌一边按顺序刷孩子的身体——"宝宝、宝宝爱干净，全身上下刷一刷。先把脸蛋刷一刷，刷刷刷刷刷"（用小刷子轻轻刷宝宝的脸蛋），"再把耳朵刷一刷，刷刷刷刷刷"（用小刷子刷宝宝的耳朵），"小脖子刷三下，1、2、3"（用小刷子刷宝宝的脖子），"小胳膊刷一刷，刷刷刷"（用小刷子刷宝宝的胳膊），"最后别忘了小脚丫，刷刷，刷刷刷"（用小刷子刷孩子的脚心、脚背）。			

注意事项	如果孩子害怕或抗拒，先对其全身肌肤轻轻地抚摩，等孩子习惯以后再逐渐延长时间。
训练延伸	尝试用其他材质的物品（比如羽毛）刷孩子身体。

训练名称	训练目标	适用年龄	工具准备	训练时间
变成小蝴蝶	让孩子感受身体压力，提高孩子的触觉耐受能力。	3岁以上	4个小枕头、床单以及厚垫子	10分钟
训练过程	把床单铺在地板上，4个枕头一个连着一个地摆成一条直线，一头与床单的一边相连。家长引导孩子说："你假装是一只毛毛虫，就要变成蝴蝶了。"让孩子仰躺在上面，两只手要伸过头顶。家长说："毛毛虫在长成蚕之前要变得胖一点儿。"让孩子身体躺直，把枕头摆放在他的身上，然后用床单把孩子裹起来，裹的时候要把头露在外面。家长和孩子一起数数1、2、3。然后，帮助孩子从床单里面出来，假装成一只蝴蝶，展开翅膀，在房间里飞来飞去。			
注意事项	不要让枕头压到孩子的脸。			
训练延伸	可以让孩子假装成一只蜗牛，用被子当作蜗牛壳。			

训练名称	训练目标	适用年龄	工具准备	训练时间
压马路	通过大球滚动对孩子身体进行压力刺激，强化孩子触觉触感处理能力。	3—6岁	一条垫子，一个大球	30分钟
训练过程	让孩子仰卧或俯卧在垫子上，手扶大球在其身上滚过去。若孩子喜欢这种压力感可尝试加重一点儿压力。			
注意事项	压力由轻到重，孩子穿的衣服由多到少。			
训练延伸	用大小不同的球在孩子背后滚过去，让孩子猜球的大小。			

训练名称	训练目标	适用年龄	工具准备	训练时间
神奇的大口袋	让孩子感受不同材质物品的触觉体验，能够区分不同的物品。	4—5岁	一个不透明的大口袋以及材质和大小不同的玩具	20分钟
训练过程	家长让孩子摸口袋里的东西，让他说出摸到东西的感觉，猜猜是什么。然后让孩子拿出来，看看他是否猜得正确。			
注意事项	不要用有尖锐边缘的物品。			
训练延伸	将物品换成生活用品或者食物。			

二、前庭觉训练游戏活动

训练名称	训练目标	适用年龄	工具准备	训练时间
摇摇乐	预防幼儿肢体不灵活、易跌倒、前庭觉失调等情况发生。	1—2岁	床单一条	5—10分钟
训练过程	将床单平铺在床上或地毯上，让幼儿躺在床单中间，两位家长各抓起床单的两个角，做左右和前后摇晃，摆幅由小到大，反复进行。			
注意事项	家长注意不要让幼儿离地面太高，以幼儿不害怕为宜，若幼儿哭闹立即停止。			
训练延伸	家长将被单变窄，放松放低被单并将幼儿的上肢和下肢露出，摆动的同时让幼儿伸手够地上的玩具。			

训练名称	训练目标	适用年龄	工具准备	训练时间
钻山洞	预防幼儿肢体不灵活和手眼不协调等问题发生。	1—2岁	高一点儿的桌子或者凳子（家长也可以用身体做"山洞"）	10分钟
训练过程	将桌子或者长凳摆放在宽阔的地板中间，让孩子从桌子或者长凳下方钻爬过去。先用手爬，然后再训练把手收在胸前，肘关节着地往前爬，身体尽量不碰到桌子。如此反复多次。			
注意事项	家长要在旁边保护孩子的头不被撞到，并拍手鼓励幼儿。大一些的孩子可以在活动过程中进行想象，比如火车钻隧道、自己是一只小鼹鼠等。			
训练延伸	可以让孩子在桌子下面蹲着走或后退以及来回钻，以不碰头为宜。			

训练名称	训练目标	适用年龄	工具准备	训练时间
呼啦圈游戏	训练幼儿双脚的协调能力及身体的平衡性。	1—3岁	呼啦圈一个	15分钟
训练过程	家长蹲下平举呼啦圈，距地面15厘米左右，先让孩子一只脚迈入呼啦圈，另一只脚再迈入；然后两只脚再分别迈出。左右脚进行交替练习。			
注意事项	如果孩子拒绝游戏，可以邀请其他孩子一同参与游戏。注意确保孩子的安全，家长在开始时可以帮助孩子完成动作，也可以根据孩子的身高对呼啦圈进行高度调整。等孩子动作熟练之后，可以适当提高呼啦圈的高度，让孩子独立完成动作。训练过程中，家长要及时鼓励和表扬孩子。			
训练延伸	家长可以将呼啦圈竖放，让幼儿练习侧身钻圈，也可以让幼儿双脚跨入后转动双手把呼啦圈由后往前翻转到跨入前的位置（在身体的正前方）。			

训练名称	训练目标	适用年龄	工具准备	训练时间
照镜子游戏	训练幼儿空间方位知觉。	2—3岁	一张大镜子	15分钟
训练过程	家长和孩子并排站在大镜子前面，家长做动作，让孩子模仿。动作以点头、双手在身体的上下左右前后拍手、左右前后移动身体以及转身等动作为主。			

续表

注意事项	开始时家长的动作要做得慢些，并多次重复动作。
训练延伸	如果幼儿的表达能力强，可让孩子边模仿边说出动作的方位。家长边做边说出动作的方位，若孩子无法跟上便用身体指导。逐渐地去掉提示，并且让孩子加快动作的速度。

训练名称	训练目标	适用年龄	工具准备	训练时间
平衡板	预防孩子肢体不灵活、易跌倒以及前庭觉失调等情况发生。	2—3岁	2—3个大靠垫，大面板	5—10分钟
训练过程	家长将靠垫摞起来，将面板放上，自制平衡板。让孩子能够在上面站立并保持平衡。如果有难度，孩子可以在家长的帮助下，由蹲的动作过渡到站立。			
注意事项	刚开始时孩子必须在家长的保护下进行尝试，稍大些的孩子可以让其自己尝试站立，但是家长必须在周围保护。			
训练延伸	如果孩子能适应且站立较稳，可由家长在旁递球给孩子，互相传递。			

三、本体觉训练游戏活动

训练名称	训练目标	适用年龄	工具准备	训练时间
模仿动物	强化前庭神经及中枢脊髓神经，使前庭平衡能力顺利发展。	2—3岁	一段轻松愉快的音乐	10分钟
训练过程	让幼儿蹲趴着，学狗以四肢爬行，并抬头"汪汪"学狗叫，双脚还可学狗踢动。大人也可用手脚支撑，弓起身体呈大象状，幼儿则装成小象，在大人身旁爬行，或从大人身下穿过。			
注意事项	游戏过程注意保持幼儿的活动兴趣，变换活动形式，也可以选择一段轻松的乐曲或者儿歌作伴乐。			
训练延伸	幼儿可学兔子蹬跑，学蛇扭曲爬行，或学猫弓起身体。			

训练名称	训练目标	适用年龄	工具准备	训练时间
顶墙	发展协调动作能力	3岁以上	选择一面平坦没有尖锐物的墙壁	10分钟
训练过程	让孩子使尽全身的力气，用双手顶住墙，坚持数15个数以上的时间；换一种方式，用头和后背顶着墙；用臀部或是用肩膀顶着墙。			
注意事项	在活动转换时，从一个房间进入到另一个房间，孩子可能会发生情绪上的波动。此时训练师可以说："天啊！墙要倒了，快把它扶住。"孩子可能会感到害怕，而没有听从指令，训练师可以说："假装墙要倒了。"			
训练延伸	如在室内，让孩子仰躺在地板上，用脚顶住墙。			

训练名称	训练目标	适用年龄	工具准备	训练时间
椅子游戏	强化身体协调能力、固有平衡能力及运动协调能力。	2—3岁	四张带靠背的椅子	20分钟
训练过程	将靠背椅子两排相对，让儿童从中间走过；将靠背椅子同方向排成一排，一边成峭壁状，一边成悬崖状，让儿童从椅面上走过；将靠背椅子不规则相对排列，让儿童顺着椅面走过；将有靠背的椅子背对背并排，让儿童跨越椅背形成的障碍。			
注意事项	注意椅子的稳定性，避免儿童跌倒出现意外。			
训练延伸	也可改用板凳或小桌子。			

训练名称	训练目标	适用年龄	工具准备	训练时间
神奇的镜子	学习追逐目标跑和跳，提高幼儿反应的灵敏性。	2—3岁	一面小镜子	10分钟
训练过程	每个家长用一面小镜子反射阳光，让反射的光束落在屋子里，晃动镜子让幼儿追着光束跑、用小手去拍拍；也可用跳的方式进行，让幼儿用小脚踩。家长让幼儿自己用小镜子反射阳光玩玩。			
注意事项	注意不要让幼儿用镜子反射强光照射眼睛。			
训练延伸	家长可在有阳光的日子里，和幼儿一起到户外玩踩影子的游戏。			

训练名称	训练目标	适用年龄	工具准备	训练时间
小袋鼠	练习双脚进行跳的动作，训练幼儿的手脚协调能力，强化前庭固有感觉。	2—3岁	大布袋（洗干净的面袋子）	10分钟
训练过程	幼儿站进大布袋中，抓住袋子，家长在旁边保护幼儿向前跳，边跳边朗诵儿歌《小袋鼠》："小袋鼠跳得快，胸前有个大口袋，大苹果运回家，真是妈妈的好乖乖。"幼儿从场地一端跳到场地的另一端。			
注意事项	注意幼儿安全，游戏场地地面要平整。			
训练延伸	家长平时可引导幼儿学一学会跳的小动物跳的动作，如小兔跳等，发展幼儿动作协调性。			

第十二章　特殊儿童感觉统合能力训练
工作人员的职业素养

　　一个合格的感觉统合训练师除了要有慈母般的爱心和耐心，能够较好理解家长和孩子的心理，还要系统深入地学习儿童心理学、教育学等的相关知识，再经过一定周期的严格培训，考核合格，才能上岗。因为他们不仅要面对有各种行为能力问题的儿童，还要有能力指导年轻的父母怎样科学地教育孩子。

第一节　特殊儿童感觉统合能力训练工作人员的职业素养要求

一、基本要求

　　在感觉统合训练师的工作中，一个最基本的要求就是：不论训练师在哪里，他们的目光始终应该落在这些孩子的身上，关注孩子的每一个动作以及细微变化着的表情、神态，并能及时发现孩子的心理需要，并且对这种需要做出正确的反应。这种关注，不同于一些家长的过分关注和对孩子的限制或包办代替。比如，孩子不会系鞋带，训练师会鼓励孩子自己尝试，并适当地给予指导，而绝不是替他来系。有的家长会认为这样做会让孩子感到挫折和压力，甚至会责备训练师照顾不周。训练师应理解这是家长对孩子的一种爱，只是方法不可取，所以要在适当的时机，适当的场合，最好避开孩子和其他家长，将这样做的好处和必要性，用家长比较能够接受的语气告诉他们，不可以当面指责或态度生硬，让人无法接受。毕竟，无论是心理咨询还是心理训练和心理治疗，都是以人为本，服务于人的职业。也就是说，训练师不仅要注意自己说了什么，还要注意怎样说（即说话的态度和方式）。

现在敏感、胆小的孩子很多，作为家长有的又过分在意孩子的感受，实际上这些孩子通常反应较快，智商也较高，但是由于无法自己控制情绪，自控能力和适应能力就比较差；如果平衡感不好，孩子就会站无站相、拿东西不稳、好动不安等；如果触觉不好，孩子的表现则是在外与在家判若两人，黏人、爱哭、怕生、孤僻、脾气差、固执、挑食、咬人等，这些都需要在孩子很小的时候，通过身体的视、听、嗅、味、触及平衡感官等有计划地加以协助，进行全方位的训练。

二、感觉统合训练师应该具备"四心"

做一个合格的感觉统合训练师，最重要的是要有"四心"。

1. 爱心

这是从事这一职业的前提，是职业的责任感、使命感。只有发自内心热爱，才能有热情去工作，去指导家长从科学、适度的角度去爱孩子，既不能溺爱，也不能任其发展。

2. 耐心

这是与孩子相处的必备条件。孩子很小，很多心理活动还不能及时准确地表达出来。要有耐心，通过相应的活动，帮助孩子表达。比孩子更重要的是家长，只有他们认可才会让孩子做训练。因此，耐心地做好与每一位家长的沟通和交流工作，给予他们知识上的补充和方法上的指导，是统合训练能否顺利进行的基本保证，也是孩子取得进步的前提。

3. 细心

在与孩子相处的过程中，通过观察孩子的表现来发现问题。比如同样进入一个陌生的环境，有的孩子表现很自然，有的孩子则很敏感，甚至大哭大闹着要走，还有的过分活跃，不分场合地多动。这些往往不是他们成心要捣乱，也许是不耐烦了，也许是需要关注，也许是他们自控能力比较差，无法管住自己，这时候需要细心地观察和满足他们的某些需要，而不是不分青红皂白地训斥孩子或阻止孩子做某事，要引导孩子的注意力去完成他们能够感兴趣的任务和游戏。

4. 恒心

发现问题，就要寻找解决方法，有的可能会很困难。在孩子的统合训练过程中，许多方面的事都要考虑到，比如，穿什么样的衣服和鞋子，女孩子最好不要穿裙子，避免在训练的时候行动不便。再比如，训练之前不要吃太多东西，也不要喝太多水，身体不舒服的时候就应暂时停止训练。这些问题都要逐个叮嘱。日常的训练，尤其是在寒暑假和双休日，这正是家长和孩子们都比较空闲的时间段，要坚持准时做好工作，没有恒心是不行的。

这个工作是与人打交道的，应注意在人与人交往过程中，人际关系的准则。我们在面对每一个人的时候，首要的态度是接受对方，不管他有哪些缺点，他都有可能是有原因的。有了这样的态度，我们就会耐心倾听对方，进而能够理解对方，并且感受对方。第二是尊重，不管对方的学历、相貌、社会地位、人品如何，他首先和我们一样是一个人，人与人是平等的。从这个层面上讲，我们应该尊重每一个人，尤其应尊重他的合理的要求和意见。第三，要赞美对方，每个人身上都有闪光点，要发现这些闪光点，恰如其分地赞美他，人总是希望能够得到别人的认同，尤其喜欢被赞美，当对方在与你交往的过程中有了良好的心理体验之后，就会对你产生好感，进而促进了人际关系的良性循环，工作也就能更好地进行了。

第二节　特殊儿童感觉统合能力训练工作人员需注意的问题

一、安全是统合训练中最重要的问题

专业的感觉统合训练教室为孩子们提供了丰富多彩的室内活动游戏器材，这些经过专门设计的感觉统合训练器材首先具有安全性，保证孩子们在活动中不会受伤，所以我们可以看到，无论是平衡木的两端还是小滑板

和大滑梯的周边，都安装了保护套，所有的螺丝都由工作人员定期检修，以确保使用的安全性。

统合训练的训练师们在工作的时候也总是将孩子们的安全问题放在第一位。比如，在训练孩子做滑板趴时，一定要求孩子的手指向外，防止滑板的轱辘碾到手指。又比如，在做圆桶训练时，每次都要认真系好安全带，因为有些时候，孩子可能会因某种原因失去自我保护能力。为了防止摔倒或撞伤，此举十分必要。

总之，在整个训练过程中都要十分注意孩子的安全问题，不能给孩子带来意外的伤害。

二、对敏感胆小的孩子需多给予鼓励和耐心

这些专门为儿童设计的游戏具有鲜明的儿童特色，它的色彩丰富且鲜艳，非常吸引孩子们的注意，能够使他们很快就喜欢上这些玩器具。有了这些，训练师们就可以比较顺利地指导孩子们进行快乐游戏了。在训练活动中，大多数幼儿感到快乐、轻松，主动性增强，而个别孩子会恐惧、害怕、紧张、退缩，甚至哭闹。对于这种情况，耐心显得十分重要。我们不必急于要求孩子去完成训练项目，而是让他（她）和父母一同先看看别的孩子怎么玩，在慢慢熟悉了环境之后，孩子的情绪也会逐渐稳定下来。同时受环境的影响，也会产生想要尝试某种游戏的愿望了。这时，可以先挑孩子感兴趣的项目试试看，直到他很自然地接受训练。整个过程也许很难，尤其是第一次，但训练师必须保持耐心，不能训斥、嘲笑，甚至打骂孩子。如果家长表现出不耐烦的情绪，也要立即劝其用积极的态度对待孩子。

在此后的训练过程中，应尽量给孩子们自由选择项目的权利，根据孩子的自然喜好，调动他们训练的积极性，然后再由自选动作过渡到规定动作，完成整个训练计划表中规定的项目。有些相对比较复杂的项目，可以先经过同伴的演示，在其他孩子演示的过程中，给予孩子更简洁明确的提示和建议，鼓励孩子自己尝试，这样能更好地帮助孩子提高能力水平。当孩子在亲身体验中获得愉悦的感受时，这种感受也更激发了他们的兴趣。

比如，趴在小滑板上头朝下滑滑梯，有的孩子开始可能会害怕，不敢尝试，经过其他孩子的演示之后，他们很快就会跃跃欲试，这时候再轻轻地扶他们一把，给他们安全感，并且在完成动作之后立即夸奖几句，继续游戏的热情就被调动起来了。这样，他们在活动中会逐渐增强信心，并且建立良好的自然情绪，训练的效果也就达到了。其实，越是显得弱小和笨拙的孩子就越需要鼓励和耐心，这两点做到了，许多问题也就迎刃而解了。

附录

附录一　幼儿感统能力发展对照表

年龄 项目	2岁1月—2岁3月	2岁4月–2岁6月	2岁7月—2岁9月	2岁10月—2岁12月
大动作能力	1. 走上台阶 2. 会自己摇木马 3. 能接地面滚过来的球 4. 能跳远	1. 能骑自行车 2. 单足站立2秒 3. 用足尖走路 4. 自己扶栏杆下楼，两步一阶 5. 可用双足立定跳远15厘米 6. 会接滚来的球和反跳的球 7. 学走10—20厘米高的平衡木	1. 举手过肩 2. 抛球1米远 3. 单脚站稳1分钟不用扶 4. 交替双脚自己下楼	1. 单脚独跳连续四下以上 2. 自己扶栏杆下楼梯，一步一阶 3. 跳过10—15厘米高的障碍物 4. 钻过高度为自己一半身高的洞穴 5. 有方向地举手过肩投球 6. 接住1—2米远抛来的球 7. 能随意骑自行车 8. 在10—15厘米平衡木上做简单动作 9. 登上三层的攀登架
精细动作能力	1. 用10块以上积木砌成门楼 2. 能拼对由两块积木组成的简单的图形	1. 每分钟穿4—6颗珠子 2. 学画十，写1和0 3. 拧开螺口瓶盖，按大小配盖 4. 套上6—8个套碗或套	1. 会解扣子 2. 用纸叠成各种简单图形	1. 会画圆形、正方形、三角形 2. 会写2个以上的数字和汉字 3. 会画人的2—4个部位 4. 用手指捏面塑或橡皮泥 5. 按缝纫机在纸上轧的图形撕纸

附录二　感觉统合测评量表

测试年龄：2—12岁　计分方式：未到该题所指的年龄，则不计分					
（一）前庭平衡和大脑双侧分化	从不这样	很少这样	有时这样	常常这样	总是这样
	1分	2分	3分	4分	5分
1. 儿童特别爱玩旋转圆凳，玩公园中旋转地球或飞转设施，不觉晕。					
2. 儿童看来正常、健康，有正常智慧，但学习阅读或做算术题特别困难。					
3. 眼看得见，但经常碰撞桌椅、杯子或旁人，方向和距离感差。					
4. 手舞足蹈，吃饭、写字、打鼓时双手或双脚配合不良，常忘另一边。					
5. 表面上左撇子，左右手都用，或尚未固定偏好使用哪一只手。					
6. 大动作笨拙，容易跌倒，并不伸手保护自己；拉他时显得笨重，手握得紧。					
7. 没时间仔细考虑时，分不清左右手或方位，一再把鞋子或衣服穿反。					
8. 阅读经常跳行和跳字；抄写常漏字，漏行或漏整段；写字时左右上下写反。					
9. 俯卧时全身很软，无法把头、颈、胸抬离高举（如飞机状）。					
10. 常爬上爬下、跑进跑出不停，不听劝阻，或把大人的处罚很快忘光。					
11. 走路、跑、跳时常碰撞东西，不善投球传球给同伴；排队和游戏有困难。					
12. 语言不清晰；组合句子或编组故事困难。					
13. 看书眼睛会累，却可以长时间看电视。					
14. 喜欢听故事，不喜欢看书。					
总分					

测评结果：

14—19 正常

20—25 轻度失调

26—32 中度失调

33—43 重度失调

（二）脑神经生理抑制困难	从不	很少	有时候	常常	总是
	1分	2分	3分	4分	5分
15. 容易分心、不专心，坐着动个不停，或上课左顾右盼。					
16. 偏食或挑食：不吃水果、肉类、蛋类；只吃白饭、牛奶等。					
17. 害羞；见到陌生人赶紧躲避或紧张，皱眉头，口吃，说不出话。					
18. 看电视电影时，高兴又叫又跳，或很易感动；恐怖场面不敢看。					
19. 很怕黑暗，到暗处要有人陪，晚上总拒绝出去，不喜欢到空屋子。					
20. 换床睡不着，换枕头或被子睡不好，外出总是对睡眠空间担心。					
21. 如被人用棉棒清洁鼻子和耳朵时，往往感到不舒服。					
22. 喜欢往亲人的身上挨靠或搂抱亲人，常被认为是被宠坏或被溺爱的孩子。					
23. 睡觉时总爱触摸被角，抱棉被、衣物或玩具，否则会出现不安。					
总分					

测评结果：

9—18 正常

19—23 轻度失调

24—29 中度失调

30—38 重度失调

（三）触觉防御过多或不足	从不	很少	有时候	常常	总是
	1分	2分	3分	4分	5分
24. 脾气不好，对亲人特别暴躁，因琐事无故发脾气，强词夺理。					
25. 到新的场合或人多的地方不久，就待不住，往外跑或要求离开。					

26．患病轻微，病后多次表示不喜欢上学；或以各种理由拒绝上学。				
27．常吮舐手指头或咬指甲，不喜欢别人帮剪指甲。				
28．不喜欢被碰脸，认为洗脸、洗头或理发是最痛苦的事。				
29．成人帮他（她）拉袖口和袜子，或协助穿衣服而碰他（她）皮肤时会引起反感。				
30．游戏中或玩玩具时，担心别人从后面威胁他（她）而引起苦恼。				
31．到处碰、触、摸个不停，却又避免触碰毛毯和编织玩具的表面。				
32．常常喜欢穿宽松的长袖衣衫，不冷也常喜欢穿毛线衫或夹克等。				
33．虽爱聊天，但很不喜欢跟朋友搭肩或有肌肤接触。				
34．对某些布料很敏感，不喜欢穿某类布料所做的衣服。				
35．对自己的事物很敏感，很容易伤感，计划或结果改变时不能容忍。				
36．对无所谓的瘀伤、小肿块、小刀伤等总觉得很痛而诉怨不止。				
37．顽固偏执又不合作，学习没有伸缩性，一直坚持自己的习惯方式。				
总分				

测评结果：
14—23 正常
24—29 轻度失调
30—37 中度失调
38—52 重度失调

（四）发育期运用障碍	从不	很少	有时候	常常	总是
	1分	2分	3分	4分	5分
38．到上幼儿园年龄时，尚不会洗手、剪纸或厕后自己擦屁股。					
39．到上幼儿园年龄时，不会使用筷子，或一直用汤勺吃饭，不会拿笔。					
40．到上幼儿园年龄时，不会玩需要骑上、爬下或钻进去的大玩具。					

续表

	从不	很少	有时候	常常	总是
41．到上幼儿园年龄时，不会站起来用脚荡秋千，不会攀绳网或爬竹竿。					
42．穿脱袜子、衣服，扣纽扣、系鞋带等动作非常慢，或做不来。					
43．入学后尚不会完全自己洗澡；单脚跳，跳绳等都做不好也学不好。					
44．入学后对拿笔写字、剪贴作业、涂色等做得不好或非常慢。					
45．到入学年龄还经常弄脏饭桌，很难收拾杂乱的桌面或玩具。					
46．做劳动或家务时很笨拙，使用工具很不顺手。					
47．动作懒散，行动迟缓或不积极；做事非常没效率。					
48．常惹事，如弄翻碗盘，弄洒牛奶，从三轮车上跌落等，需家长特别保护。					
总分					

测评结果：
11—16 正常
17—21 轻度失调
22—30 中度失调
31—43 重度失调

（五）视觉空间和形态感觉情形	从不	很少	有时候	常常	总是
	1分	2分	3分	4分	5分
49．在年幼时，玩积木总比别人差。					
50．外出或远行时常达不到目的地，很容易迷失方向，不喜欢到陌生的地方。					
51．用蜡笔着色和铅笔写字都不好，比别人学得慢，常超出线或在方格之外。					
52．拼图总比别人差；对模型或图样的异同辨别常有困难。					
53．不会走迷宫，或在游戏中很难找出隐藏在混淆背景图形中的动物。					
总分					

测评结果：
5—6正常
7—10轻度失调
11—14中度失调
15—20重度失调

续表

（六）本体觉（重力不安症）	从不	很少	有时候	常常	总是
	1分	2分	3分	4分	5分
54．个性内向，不喜欢出去玩，朋友少，沉默寡言，喜欢独处。					
55．上下阶梯或过马路多迟疑；登高会觉得头重脚轻，不敢向别处看或走动。					
56．被抱起举高时很焦虑，要把脚着地，经可信赖人的帮助会安心配合。					
57．总设法避免从高处跳到低处，在面对高地或有跌落危险时，表现得非常害怕。					
58．不喜欢把头倒置，如避免翻筋斗，打滚，或室内打斗游戏活动。					
59．对游戏设施不感兴趣，也不喜欢活动性玩具。					
60．对不寻常移动（如上下车，前座移到后座，走不平地面）动作缓慢。					
61．上下楼梯很慢，紧紧抓住栏杆；尽量避免攀登。					
62．旋转时，很容易感到失去平衡。车行进中，转弯太快也会吓坏自己。					
63．在凸起的平地上走时，总会抱怨或心中感到不愉快。					
总分					

测评结果：
10—15 正常
16—21轻度失调
22—30 中度失调
31—40 重度失调

（七）学习和情绪状态	从不	很少	有时候	常常	总是
	1分	2分	3分	4分	5分
64．成绩"最近"迅速下降，神态恍惚，读书很容易分心，有情绪和行为问题。					
65．脾气暴躁，自制能力差，打架骂人等恶劣行为加剧。					
总分					

测评结果：
2分正常
3—4轻度失调
5—6 中度失调
7—10 重度失调

续表

（八）对压力挫折敏感、自我形象不良	从不	很少	有时候	常常	总是
	1分	2分	3分	4分	5分
66．对老师的要求或作业、环境等压力，常承受不了，易产生挫折感。					
67．对自己的形象感觉不良，认为自己很差劲，往往有情绪和行为问题。					
总分					
测评结果： 2分正常 3—4轻度失调 5—6中度失调 7—10重度失调					

附录三 儿童感觉统合能力发展评定量表

A. 前庭功能	儿童表现（出现频率）				
	从不 （5分）	很少 （4分）	有时 （3分）	多数 （2分）	经常 （1分）
1. 特别爱玩会旋转的凳椅或游乐设施而不会晕。					
2. 喜欢旋转或绕圈子跑而不晕不累。					
3. 虽然看到了仍常碰撞桌椅、旁人、柱子或门墙。					
4. 行动、吃饭、敲鼓、画画时双手协调不良，常忘了另一边。					
5. 手脚笨拙，容易跌倒，拉他时仍显得笨重。					
6. 俯卧地板和床上，头，颈，胸无法抬高。					
7. 爬上爬下，跑出跑进，不听劝阻。					
8. 不安地乱动，东拉西扯。					
9. 喜欢惹人、捣蛋和搞恶作剧。					
10. 经常自言自语，重复别人说的话，并且喜欢背诵广告语。					
11. 表面左撇子，其实左右手都用，而且无固定使用哪只手。					
12. 分不清左右方向，鞋子衣服常常穿反。					
13. 对陌生地方的电梯或楼梯不敢坐或动作缓慢。					
14. 组织力不佳，经常弄乱东西，不喜欢整理环境。					

续表

B. 触觉功能	儿童表现（出现频率）				
	从不 （5分）	很少 （4分）	有时 （3分）	多数 （2分）	经常 （1分）
15. 对亲人特别暴躁，强词夺理，到陌生环境则害怕。					
16. 害怕到新场合，常常没多久便要求离开。					
17. 偏食，挑食，不吃青菜或软皮食物。					
18. 害羞不安，喜欢孤独，不爱和别人玩。					
19. 容易黏妈妈或固定某个人，不喜欢陌生环境，喜欢被搂抱。					
20. 看电视或听故事容易大受感动，大叫或大笑，害怕恐怖镜头。					
21. 严重怕黑，不喜欢在空屋，到处要人陪。					
22. 早上赖床，晚上睡不着，上学前常拒绝到学校，放学后不想回家。					
23. 容易生小病，生病后便不想上学，常常没有原因就拒绝上学。					
24. 常吸吮手指或咬指甲，不喜欢别人帮忙剪指甲。					
25. 换床睡不着，不能换被或睡衣，外出常担心睡眠问题。					
26. 独占欲强，不让别人拿他的东西，会无缘无故发脾气。					
27. 不喜欢和别人谈天和玩触碰游戏，视洗脸和洗澡为痛苦的事。					
28. 过分保护自己的东西，讨厌别人从后面接近他。					
29. 怕玩沙土和水，有洁癖倾向。					
30. 不喜欢直接视觉接触，常必须用手来表达其需要。					
31. 对危险和疼痛反应迟钝或反应过激。					
32. 听而不闻，过分安静，表情冷漠又无故嬉笑。					
33. 过度安静或坚持奇异想法。					

	儿童表现（出现频率）				
34. 喜欢咬人，并且常咬固定的友伴，并无故碰坏东西。					
35. 内向，软弱，爱哭，又常会触摸生殖器官。					
C. 本体觉功能	从不 （5分）	很少 （4分）	有时 （3分）	多数 （2分）	经常 （1分）
36. 穿脱衣裤，系纽扣，拉拉链，系鞋带动作缓慢笨拙。					
37. 顽固，偏执，不合群和孤僻。					
38. 吃饭时常掉饭粒，口水控制不住。					
39. 语言不清，发音不佳，语言能力发展缓慢。					
40. 懒惰，行动慢，做事没有效率。					
41. 不喜欢翻跟头、打滚、爬高。					
42. 上幼儿园，仍不会洗手擦脸、剪纸及擦屁股。					
43. 上幼儿园（大、中班）仍无法用筷子，不会拿笔、攀爬或荡秋千。					
44. 对小事物特别敏感，依赖他人过度照顾。					
45. 不善于玩积木、组合东西、排队、投球。					
46. 怕爬高，拒走平衡木。					
47. 到新的陌生环境很容易迷失方向。					
D. 学习能力	从不 （5分）	很少 （4分）	有时 （3分）	多数 （2分）	经常 （1分）
48. 看起来有正常的智力，但学习阅读或做算术题特别困难。					
49. 阅读常跳字，抄写常漏字漏行，写字笔画常颠倒。					
50. 不专心，坐不住，上课常左右看。					
51. 用蜡笔着色或用笔写字写不好，写字慢而且常写到格子外。					
52. 看书容易眼酸，特别害怕数学。					

	从不 （5分）	很少 （4分）	有时 （3分）	多数 （2分）	经常 （1分）
53. 认字能力虽好，却不知其意义，而且无法组成较长的语句。					
54. 混淆背景中的特殊图形，不易看出或认出。					
55. 对老师的要求及作业无法有效完成，常有严重挫折。					

E. 10岁以上儿童的家长填写以下问题	儿童表现（出现频率）				
	从不 （5分）	很少 （4分）	有时 （3分）	多数 （2分）	经常 （1分）
56. 使用工具能力差，对劳作或家务事均做不好。					
57. 自己的桌子或周围无法保持干净，收拾很困难。					
58. 对事情反应过强，无法控制情绪，容易消极。					

儿童感觉统合能力发展评定结果

评定项目	原始分	评定结果	建议
1. 前庭失衡			
2. 触觉过分防御			
3. 本体感失调			
4. 学习能力发展不足			
5. 大年龄的特殊问题			

附录四　韦氏儿童智力量表

一、测验内容

它包括6个言语分测验，即常识、类同、算术、词汇、理解、背数；6个操作分测验，即图画补缺、图片排列、积木图案、物体拼配、译码、迷津。其中的背数和迷津两个分测验是备用测验，当某个分测验由于某种原因不能施测时，可以用之替代。测验实施时，言语分测验和操作分测验交替进行，以维持被试人的兴趣，避免疲劳和厌倦。完成整个测验需约50—70分钟。

常识

包括33个一般性知识的测题，测题的内容很广，例如"某个国家的首都在什么地方？"韦克斯勒认为，人们在日常社会生活中接触到常识的机会应基本相同，但由于智力水平不同，每人所掌握的知识就有所不同。智力越高，兴趣越广泛，好奇心越强，所获得的知识就越多。常识也可以反映长时记忆的状况。常识还与早期疾病有关，自幼患病，会减少人们同外界接触的机会，获得的常识就较少。有情绪问题的被试人，常表现出对常识分量的夸大和贻误，因而常识分测验具有临床的意义。常识测验能够测量智力的一般因素，容易与被试人建立合作关系，不易引起被试人的紧张和厌恶，通常将此测验安排为第一项测验。常识测验的缺点是容易受文化背景和被试人熟悉程度的影响。

图画补缺

包括27张图片，每张图上都有意缺少一个主要部分，要求被试人在规定的20秒钟内，指出每张图上缺少了什么。该测验用来测量视觉敏锐性、记忆和细节注意能力。韦克斯勒认为，人们在心理发展过程中对所接触的日常事物形成完整的印象，这对于人们适应外界环境是十分重要的。图画

185

补缺测试比较容易完成，被试人感到有趣。该测验能够测量智力的一般因素，在临床上也有意义。具有病态观念的患者往往将自己的思想投射到测验中去；智力落后患者做图画补缺的成绩很差。该测验的缺点是易受个人经验、生长环境的影响。

数字广度

包括14个测题，主试读出一个2—9位的随机数字，要求被试人顺背或倒背，两者分别进行。顺背从3位数字至9位数字，倒背从2位数字到8位数字。总分为顺背和倒背两者的加和。该测验主要测量瞬时记忆能力，但分数也受到注意广度和理解能力的影响。韦克斯勒认为，数字广度测验对智力较低者可以测其智力，而对智力较高者实际测量的是注意力，智力高者在该测验上得分不一定会高。数字广度测验能够较快地测验记忆力和注意力，不会引起被试人较强的情绪反应，也不大受文化教育程度的影响，且简便易行。但其可靠性较低，测验受偶然因素的影响较大，对智力的一般因素负荷不是很高。

图片排列

包括10套图片，每套由3—5张图片组成。在每道题中，主试呈示一套次序打乱了的图片，要求被试人按照图片内容的事件顺序，把图片重新排列起来，使它们成为一个有意义的故事，该测验用来测量被试人的广泛分析综合能力、观察因果关系能力、社会计划性、预期力和幽默感等等。它测量智力一般因素的程度属中等。被试人对测验有兴趣，可用于各种文化背景的人士，在临床上还具有投射测验的作用，但易受视觉敏锐性的影响。

词汇

包括37个词汇，每个词汇写在一张词汇卡片上。通过视觉或听觉逐一呈现词汇，要求被试人解释每个词汇的一般意义。例如，"美丽"是什么意思？"公主"是什么意思？

词汇知识和其他与一般智力有关的能力。在临床上也有很大作用。韦克斯勒认为，生活在同一文化环境中的人基本上共同地接受这种文化。年龄大的人所接受的文化相对多一些；同年龄者中，智力较高者相对接受的较多；经历丰富、受教育程度高的人，接受的也多些。该测验与抽象概括能力也有关。研究表明，该测验是测量一般智力因素的最佳测验，可靠性也较高。缺点是评分较难，测试时间较长，受文化背景及教育程度影响较大，有些人仅凭记忆力好也能得到高分。

积木图案

包括10个测题，要求被试人用4块或9块积木，按照图案卡片来照样排列积木。每块积木两面为红色，两面为白色，另两面为红白各半。积木图案测验用来测量视知觉和分析能力、空间定向能力及视觉运动综合协调能力，它与操作量表的总分和整个测验的总分的相关均很高，因此被认为是最好的操作测验。该测验效度很高，在临床上能帮助诊断知觉障碍、分心、老年衰退等症状，比较而言，该测验受文化影响较少。缺点是手指技巧有时可能会提高分数。

算术

包括15个测题，被试人在解答测题时，不能使用笔和纸，而只能用心算来解答。算术测验主要测量最基本的数理知识以及数学思维能力。该测验能够较快地测量被试人运用数字的技巧，缺点是容易产生焦虑和紧张，且易受性别影响。

物体拼配

包括4个测题，把每套零散的图形拼板呈现给被试人，要求他拼配成一个完整的物件。物体拼配测验主要测量思维能力、工作习惯、注意力、持久力和视觉综合能力。该测验与其他分测验的相关性相对较低，但在临床上可以测出被试人的知觉类型及其对尝试错误方法的依赖程度。该测验任务单纯，但可靠性较低，施测时间较长。

理解

包括18个测题，主试把每个问题呈现给被试人，要求他说明每种情境。例如，"如果你在路上拾到一封贴上邮票、写有地址但尚未寄出的信，你应该怎么办？"理解测验主要测量实际知识、社会适应能力和组织信息的能力，能反映被试人对于社会价值观念、风俗、伦理道德是否理解和适应，在临床上能够鉴别脑器质性障碍的患者。该测验对智力的一般因素的负荷较大，与常识测验相比，受文化教育的影响较小。缺点是评分标准难以统一掌握。

数字符号

共有93对数字符号，要求被试人在规定时限内，依据规定的数字符号关系，在数字下部填入相应的符号。该测验主要测量注意力、简单感觉运动的持久力、建立新联系的能力和速度。该测验评分快速，不大受文化背景的影响。缺点是不能很好地测量智力的一般因素。

类同

包括14组成对的词汇，要求被试人概括每一对词义相似的地方在哪里。例如，"桌子和椅子在什么地方相似？""树和狗在什么地方相似？"该测验主要测量逻辑思维能力、抽象思维能力、分析能力和概括能力。类同测验简便易行，评分不太困难。在临床上鉴别脑器质性损害和精神分裂症方面具有重要意义。

《韦氏儿童智力量表》

适用对象	6岁到16岁（使用中文语言的儿童）
评估目标	测量6岁到16岁儿童的个别智力。
测评内容	共有十个分测验和四个补充测验，分别从总智商、言语理解、知觉推理、工作记忆和加工速度对儿童的智力特征进行评估。
评估用时	约50分钟到70分钟，具体视儿童答题情况及速度而定。

二、应用

1. 儿童智力鉴定部门和机构

对儿童的认知功能进行全面评估和鉴定；

鉴别智力超常和智力落后；

确认认知能力的优势和弱势，分析儿童认知能力的内部差异；

为鉴定儿童是否有神经性损伤、外伤性脑伤等提供认知特点的证据。

2. 医疗机构和特殊教育机构

鉴别智力落后儿童，为智力落后儿童的教育提出安置建议；

作为鉴别中小学生的发展性障碍、智力落后、学习障碍、多动症、艳遇障碍、孤独症等重要辅助测量工具；

评估和诊断儿童认知活动的特殊需要，为有效帮助儿童改善认知能力提供翔实的依据；

是医疗机构和特殊教育机构鉴定儿童智力的主要测量工具；

由于智力诊断和评估关系到儿童的教育和培养，测试实施对主试要求很高。量表使用者需要进行标准化施测和分数解释方面的培训，并需取得主试资格证书。

三、结果解释

1. 智力等级分布表

智力等级	IQ范围
极超常	≥130（每档10分）
超常	120~129
高于平常	110~119
平常	90~109（两档20分）
低于平常	80~89（每档10分）
边界	70~79
智力缺陷	≤69

2. 智力缺陷分等和百分位数

智力缺陷等级	IQ范围
轻度	50~69（2档20分）
中度	35~49（5档15分）
重度	20~34
极重度	0~19（2档20分）

参考文献

［1］杨霞．儿童感觉统合训练手册［M］．北京：北京联合出版有限公司，2022．

［2］王和平．特殊儿童的感觉统合训练［M］．北京：北京大学出版社，2011．

［3］雷江华，方俊明．特殊教育学［M］．北京：北京大学出版社，2011．

［4］盛永进．特殊儿童教育导论［M］．南京：南京师范大学出版社，2014．

［5］陈莞．儿童音乐治疗理论与应用方法［M］．北京：北京大学出版社，2009．

［6］王和平．特殊儿童的感觉统合训练（第二版）［M］．北京：北京大学出版社，2019．

［7］李淑英，王喜军，刘迪．特殊儿童感觉统合理论与实践［M］．天津：天津教育出版社，2014．

［8］卡洛尔·斯多克·克朗诺威兹．帮孩子找到缺失的"感觉拼图"：孩子感觉统合，才能快乐成长［M］．北京：中国发展出版社，2017．

［9］吴瑞文．解放聪明的"笨小孩"（第二版）［M］．北京：中国发展出版社，2019．

［10］于帆．0—6岁，儿童感觉统合训练［M］．北京：中国纺织出版社，2019．

［11］李俊平．图解儿童感觉统合训练［M］．北京：朝华出版社，2018．

［12］卡洛尔·斯多克·克朗诺威兹．感统游戏：135个促进感觉统合的游戏，在欢笑中玩出聪明和健康［M］．北京：中国发展出版社，2017．

［13］李娟．儿童感觉统合训练［M］．北京：中国妇女出版社，2016．

［14］胡晓毅，刘艳虹．孤独症谱系障碍儿童的教育［M］．北京：北京师范大学出版社，2016．

［15］刘春玲，江琴娣．特殊教育概论［M］．上海：华东师范大学出版社，2015．

［16］王志毅．听力障碍儿童的心理与教育［M］．天津：天津教育出版社，2007．

［17］梁纪恒．特殊儿童的教育鉴别与评估［M］．天津：天津教育出版社，2007．

［18］丹尼尔·P.哈拉汉，詹姆士·M·考夫曼．肖非，等译．特殊教育导论［M］．北京：中国人民大学出版社，2010．

［19］休厄德．肖非，等译．特殊需要儿童教育导论（第八版）［M］．北京：中国轻工业出版社，2007．

［20］鲍尔．史惟，杨红，王素娟，译．脑瘫儿童家庭康复与管理［M］．上海：上海科学技术出版社，2016．

［21］陈旭红．图解脑瘫康复技术与管理（第二版）［M］．北京：华夏出版社，2021．

［22］周多奇．体育康复训练概论［M］．青岛：中国海洋大学出版社，2018．

［23］王梅．孤独症儿童的教育与康复训练［M］．北京：华夏出版社，2007．

［24］刘振寰．让脑瘫儿童拥有幸福人生：脑瘫儿童家庭康复指南（修订版）［M］．北京：中国妇女出版社，2009．

［25］郝德元，郝天慈．特殊教育［M］．北京：首都师范大学出版社，2010．

［26］刘翔平．学习障碍儿童的心理与教育［M］．北京：中国轻工业

出版社，2010.

［27］方俊明，雷江华. 特殊儿童心理学［M］. 北京：北京大学出版社，2011.

［28］王淑荣，杜德宝，尹连春. 特殊需要儿童的教育训练［M］. 天津：天津教育出版社，2008.

［29］周念丽. 特殊儿童的游戏治疗［M］. 北京：北京大学出版社，2011.

［30］杨枫. 学前儿童游戏［M］. 北京：高等教育出版社，2014.

［31］顾心雨. 功能性动作训练对幼儿感觉统合能力影响的实验研究［D］. 成都体育学院，2018.

［32］胡秀杰. 感觉统合训练融入幼儿园课程的策略研究［D］. 东北师范大学，2006.

［33］刘照佩. 感觉统合训练治疗儿童孤独症的疗效分析［D］. 河北：河北师范大学，2013.

［34］王彤梅. 特殊儿童感觉统合失调的个案研究［J］. 山西大同大学学报（自然科学版），2020.

［35］张基惠. 学习困难儿童感觉统合干预的个案研究［J］. 现代特殊教育，2018（04）：42—46.

［36］卡洛尔·斯多克·克朗诺威兹. 帮孩子找到缺失的感觉拼图［M］. 北京：中国发展出版社，2017.

［37］李宇彤，窦志杰，李宝芬，吕丽霞. 学习困难儿童工作记忆特点分析［J］. 中国学校卫生，2011，32（03）：282—283.

［38］杨霞，叶蓉. 儿童感觉统合训练实用手册［M］. 上海：第二军医大学出版社，2007.

［39］李宇彤，窦志杰，李宝芬，吕丽霞. 学习困难儿童工作记忆特点分析［J］. 中国学校卫生，2011，32（03）：282—283.

［40］牛秀英，李传琦. 感觉统合训练在学习障碍儿童中的应用［J］. 中国行为医学科学，2003（03）：55.

［41］左文敬，覃蓉，邹育庭，刘跃琴，丁玉莲. 感觉统合训练在脑

瘫儿童的疗效分析［J］．继续医学教育，2015，29（09）：137．

［42］屠长兰．感觉统合训练在脑瘫患儿智力康复中的临床疗效［J］．中国现代药物应用，2015，9（01）：239—240．

［43］刘启雄，陈炜，万子超．感觉统合训练在脑瘫康复中的临床应用［J］．医学信息，2013，（04）．328—329．

［44］李功举．感觉统合训练在脑瘫康复训练中的应用［J］．实用中西医结合临床，2018，18（11）：147—149．

［45］俞鑫璐，李鑫，杨婷婷，张博，封玉霞，庞伟．感觉统合治疗在脑性瘫痪康复中应用的系统综述［J］．中国康复理论与实践，2022，28（02）：183—189．

［46］张学芳，王德民，曹延奎，王允高，曹延福，胡颖．感觉统合功能训练用于儿童注意缺陷多动障碍干预的临床效果［J］．中国康复医学杂志，2011，26（07）：679—680．

［47］］杭荣华，刘新民，王瑞权，吴义高．感觉统合训练改善注意缺陷多动障碍儿童行为、智力及执行功能的对照研究［J］．中国心理卫生杂志，2010，24（03）：219—223．

［48］李霞，叶常州，高晓霞，刘一苇，陈翔．感觉统合训练在脑性瘫痪中的应用研究进展［J］．护理与康复，2018，17（09）：39—41．

［49］吴丽，宋兆普，郝义彬．实用小儿康复学［M］．郑州：河南科学技术出版社，2017．

［50］张小玲．脑性瘫痪40例功能治疗疗效分析［J］．中国临床康复，2002（03）：396．

［51］徐露羲．感觉统合训练——干预儿童发育迟缓的个案研究［J］．戏剧之家，2016（17）：213—214．